事業 再 構築

クロスSWOT分析

で創り出す
戦略立案&事業計画
作成マニュアル

嶋田利広 ・ 木村治司 ・ 尾崎竜彦
㈱アールイー経営社長　木村治司税理士事務所所長　㈲マネジメントスタッフ社長

中尾康範 ・ 日高大作
ビジネス・プロセス・デザイン　㈲経創社長
オフィス代表

マネジメント社

まえがき

　コロナ禍で中小企業の経営環境は一変しました。

　急激な業績悪化に見舞われた飲食業、旅行観光業、交通産業、イベント産業などでは、周知のとおり、会社存続が危ぶまれるほどの大打撃です。

　今後は他業種でも、「コロナ不況」が本格化していくでしょう。このコロナ不況は、リーマンショック、東日本大震災後の不況を上回るほどの厳しいものになるという予測もあります。

　そこで政府は、事業再構築を行う中小企業を支援するため、経済産業省を通じて「事業再構築補助金制度」を開始しました。

　この事業再構築というのは、「新分野展開」「事業転換」「業種転換」「業態転換」などを行い、「製品の新規性」「市場の新規性」とそれに伴う設備投資について、新規事業の売上構成比10%、付加価値額年率平均3%以上などの条件を付け、補助金を出して中小企業を支援するというものです。

　事業再構築指針・手引書や公募要領を見ると、かなりハードルが高いと思われた人も多いでしょう。認定支援機関の専門家も、何の準備も、何のノウハウもなく、この事業再構築用の事業計画書を作成支援するのは大変なことのようです。認定支援機関になっているのは多くの場合会計事務所なので、実際には会計事務所が中心になって事業計画書の作成を支援します。また、補助金額が3,000万円以上の場合、同じく認定支援機関になっている金融機関も一緒になって、融資先、顧問先の事業計画書の作成を支援します。

　ところが、経産省が示すような基準をクリアする事業計画書を作成支援できる会計事務所や金融機関は、一体どれくらいあるでしょうか。

　この事業計画書で求められているのは、前述のような条件ですが、単に「予想される数字」を入れればよいというものではありません。事業計画書に記載する数字の「根拠は何か」を具体的に、ロジカルなストーリーとして組み立てる必要があるのです。

　そこで必須になるのが、実現可能かつ根拠のある戦略をどのように抽出して組み立てられるかということです。

　じつは私たちは、この事業再構築補助金制度が発表される以前から、「クロスSWOT分析」のノウハウを積み上げてきました。売上高1億円～100億円の中小企業の経営分析と戦略構築には、このクロスSWOT分析の手法を活用することが最適で効果的であるとの確証を得ていました。その成果として、2020年2月に出版した『SWOT分析を活用した「根拠ある経営計画書」事例集』（マネジメント社）では、経営計画書作成メソッドとプロセスとともに、8社の事例を紹介しています。

私たちが用いているのは、いわゆる一般的に知られている「概念的な SWOT 分析」ではありません。「自社の強み」と「外部環境の機会」を固有の方法で見出し、それを掛け合わせて「積極戦略」をあぶり出していくと、USP（独自のウリ）が明確に見えてくるのです。

　その結果、事業再構築の事業計画の根幹をなす戦略や戦術が、「合理的で説得力がある」ものになっていくのです。この手法は、今回の事業再構築用の事業計画に限ったものではなく、金融機関による事業性評価で必要な経営計画書でも、その他の補助金の事業計画書にも適用できるものです。

　2021 年早々、「事業再構築補助金」の情報が入った段階から、「正しい SWOT 分析と根拠ある事業計画書の作成で事業再構築を支援しよう」と考えました。そこで、私だけでなく、国内唯一の SWOT 分析専門検定である「SWOT 分析スキル検定中級」以上の資格者に声をかけ、有志で作成マニュアルの執筆をしようということになりました。

　今回の共著メンバーは、すでに SWOT 分析ノウハウを実践で相当数経験しています。「根拠ある経営計画書」を常に意識して、中小企業の経営顧問、税務顧問、財務顧問をしている方ばかりです。以下に共著者を簡単に紹介します。

　木村治司氏は、静岡県沼津市で長年税理士をされています。SWOT 分析、アンゾフ成長マトリックス、根拠ある経営計画書の作成支援を数多く経験しています。税理士が通常業務として行う財務や税務のアドバイスだけでなく、経営戦略を経営者と一緒に考え、具体策を見出していくことに取り組んでいます。

　尾崎竜彦氏は、私とは長い付き合いで、SWOT 分析について何冊も共著で出版してきました。関東から北陸の中小企業のコンサルタントとして 29 年間も活躍し続けている超ベテランです。SWOT 分析だけでなく、人事制度、事業承継についても独自のノウハウと実績を持っています。

　中尾康範氏は、大手通信会社で長年 SE を経験し、システム構築のマネジメントだけでなく、IT を活用した経営支援や地域活性化支援業務を行っています。しかもそこに SWOT 分析を絡ませ、「IT SWOT 分析」や「地域ポテンシャル SWOT 分析」というジャンルを確立・構築しています。

　日高大作氏は、私とは 24 年の付き合いになります。会計事務所の経営コンサルタント会社の代表を務め、数多くの企業や医療福祉法人で、SWOT 分析や経営計画書を一緒に支援してきました。私のやり方を一番身近で見てきたコンサルタントです。SWOT 分析や経営計画書は中身の濃さで定評があり、本書でも重要な箇所を担当してもらいました。

　私の持っているノウハウや手法、実例を 4 名の共著者と共有し、さまざまなアイデ

アや意見を交換する中で生まれたのが本書です。本書を参考にして、多くの中小企業が事業再構築に成功することを願ってやみません。

　なお、本書出版にあたり、マネジメント社の安田喜根社長には、これまでの出版以上にご尽力いただきましたこと、あらためて感謝申し上げます。

著者を代表して　　嶋田 利広

　本書の主題である「事業再構築補助金」の詳細については、事業再構築補助金事務局ホームページや経済産業省・中小企業庁が公開している各種文書を参照してください。

　なお、事業再構築補助金には、「**通常枠**」「**卒業枠**」「**グローバルV字回復枠**」「**緊急事態宣言特別枠**」の事業類型が設定されていますが、本書は主として「**通常枠**」について解説しています。

■事業再構築補助金事務局ホームページ

https://jigyou-saikouchiku.jp/

「公募要領」はホームページからダウンロードできます。

●事業再構築指針

https://www.meti.go.jp/covid-19/jigyo_saikoutiku/pdf/shishin.pdf

●事業再構築指針の手引き

https://www.meti.go.jp/covid-19/jigyo_saikoutiku/pdf/shishin_tebiki.pdf

●事業再構築補助金の概要

https://www.meti.go.jp/covid-19/jigyo_saikoutiku/pdf/summary.pdf

●事業再構築補助金のリーフレット

https://www.meti.go.jp/covid-19/jigyo_saikoutiku/pdf/jigyo_saikoutiku.pdf

Contents

事業再構築　クロス SWOT 分析で創り出す戦略立案＆事業計画作成マニュアル

Chapter I
Chapter II
Chapter III
Chapter IV
Chapter V
Chapter VI
Chapter VII
Chapter VIII
Chapter IX
Chapter X

Chapter III 「クロス SWOT 分析」の具体的な進め方

Chapter IV 実例で理解する「クロス SWOT 分析」の実務

Chapter VIII
Chapter II
Chapter III
Chapter IV
Chapter V
Chapter VI
Chapter VII
Chapter VIII
Chapter IX
Chapter X

Chapter VIII　事例解説 ―部品加工業―
クロス SWOT 分析から中期収支計画、ロードマップ作成までのプロセス

Chapter IX　事業計画書オリジナル・フォームへの記載

Chapter X　事業再構築補助金・事業計画 指導のポイント

Chapter I

事業再構築補助金・
事業計画書は
中身を問われる

1. 事業再構築補助金・事業計画書はどこを見るか

　コロナショックで本業の業績が落ち込んだ中小企業に対して、多角化や業態転換などの新戦略によって立て直しを支援する事業再構築補助金は、認定経営革新等支援機関（以下「認定支援機関」）である会計事務所や金融機関が、そのサポートに関して大きな役割を担っています。

　「事業再構築補助金というのが出るんだってね。詳しく教えてよ。うちの本業がやばいから、なんとか新しいことをしないと。そこに補助金があるとありがたいしね」

　中小企業経営者の声です。多くの中小企業経営者が事業再構築補助金に期待しています。なんとか補助金を獲得して、新規事業に着手し、再浮上のきっかけにしたいと必死です。一方、国は、中小企業が単独で申請するにはかなりハードルが高いことから、認定支援機関として登録している事業者と一緒に、この補助金の事業計画書を作成するように指導しています。

　認定支援機関としていちばん多いのが、企業の税務顧問である会計事務所です。ところが、「この案件に対応できるスキルがあるのか」「手間がかかるようだが、その費用はきちんともらえるのか」「忙しい時に職員の時間がとれない」などの懸念される事項があることから、支援業務を行うかどうかをまだ決めかねている会計事務所も多く、同じ認定支援機関でも取り組みはバラバラのようです。

　認定支援機関である会計事務所が、予算総額 1 兆 1,485 億円もの大型の補助金をどう取り扱うかで、今後の付加価値や差別化に直結し、会計事務所自体の明暗が分かれてきそうです。

(1) 事業計画書の中身が大事

　2021 年 2 月に事業再構築補助金の概要が発表され、3 月 17 日に指針手引書が、そして 3 月末に公募要領が明らかになりました。

　その内容から言える大きなポイントは、

●自社の強みや経営資源（ヒト / モノ等）を活かしつつ、経産省が示す「事業再構築指針」に沿った事業計画を認定支援機関等と策定する中小企業等
●ある一定以上の生産性向上目標を達成する事業計画であること

が条件になっていることです。

Chapter

I

Chapter

II

Chapter

III

Chapter

IV

Chapter

V

Chapter

VI

Chapter

VII

Chapter

VIII

Chapter

IX

Chapter

X

　事業再構築補助金の予算規模は約 1 兆 1,500 億円と巨額ですが、「書式に従って申請すればいい」というものではありません。なんと言っても、財源は血税です。

　当然、

- 雲をつかむような構想で、自社の強みも今の経営資源も活かさない「根拠のない新規事業・多角化」は NG
- 新規事業・多角化後のビジネスの売上があまりに小さいのは NG
- 新規事業・多角化の内容が既存の先発企業と明確な差別化がないものは、最初からビジネスの可能性が薄いので NG
- 数値だけ、経営戦略の概念だけでは無論 NG
- 新規事業・多角化をする根拠にし乏しく、論理的でなく、可能性を見出せないものは NG

となるでしょう。

　実際に「指針手引書」では、補助金に該当する考え方、該当しない考え方が示されています（後述）。

(2) 金融機関は中身のある指導ができる会計事務所を紹介する

　今回の補助金は金融機関も大きく関わってきます。

　金融機関も認定支援機関ですから、本来なら自前で補助金の指導から申請までしたいところでしょう。なぜなら、新規事業・多角化の再構築案には融資案件の情報もたくさん含まれるからです。

　しかし、金融機関担当者はそこまで手が回りません。3 月〜5 月の会計事務所が忙しい時期に、主に金融機関が積極的に補助金の提案をしていました。その案件が増えてきて、さらに「ハードルの高い事業計画書」になると、かなり手間がかかり時間もとられます。その結果、「融資欲しさ」に表面的な事業計画書を作成してしまい、通らなかったケースも多いのです。

　融資先の企業経営者自身に能力があって、「合理的に説得できる事業計画書」を自ら作成できれば、それに越したことはありません。しかし、そういう経営者はごく少数です。多くの経営者は「思い」や「アイデア」はあっても、それを戦略や戦術として具体的に組み立てたり、数字も含め事業計画・収支計画に落とし込めないのではないでしょうか。

　すると、金融機関は事業再構築補助金の中身もしっかり作り込んでくれる認定支援機関の会計事務所に協力依頼や紹介をしたくなるものです。融資先企業の顧問税理士

が事業再構築補助金の指導に消極的な対応しかしないなら、積極的に行ってくれる会計事務所をスポットでも紹介するはずです。金融機関は補助金を申請する際の設備投資や多角化案件の融資を獲得したいわけですから。しかも、補助金で新規事業資金の3分の2が後から入ってくれば、回収確率の高い案件となります。

そういうことを念頭におくと、今回の補助金は会計事務所の差別化の分水嶺だと言っても過言ではないでしょう。

(3)「強み」を活かした持続的な新規事業・多角化にするには

補助金を獲得することだけに意識が行きがちですが、大事なことは、その新規事業・多角化のビジネスが持続して、将来的に経営基盤になるかどうかです。

そのうえで、本来ならリスクや初期投資、経費をすべて自社で賄って取り組むところを公費で補填してくれるので、だから低リスクで進められるという考えが必要です。

仮に補助金の申請が通ったとして、「補助金をもらって、新規事業はやったけれど、ダメだった」ではすまされません（実際にモニタリングの義務や事後報告書などの決まり事もあります）。

今回の補助金について、経営者には2つの思考パターンがあります。

- **以前からやりたかった多角化案件、事業投資をこの補助金を使って本格化したい経営者**
- **今すぐどうしてもやりたいことはないけれど、この補助金があるなら何らかの関連事業や多角化を始めたい経営者**

前者であっても後者であっても、「自社の強みや経営資源を再分析して、収益確保の可能性が高い根拠ある事業計画書」が必須です。

そういう事業計画書を作るには、単に中小企業庁が用意した書式に記載するだけでなく、真剣に根拠や具体策を議論して、行動プロセスまで落とし込んだアクションプランが求められます。

そこでお勧めなのが「新規事業・多角化のためのSWOT分析」です。

じつは、事業再構築や新規事業・多角化の経営戦略の立案には「SWOT分析」は本当に相性がいいのです。次ページ以降に、事業再構築補助金についての要件などを記載していますが、この内容を見ると、SWOT分析等を活用して、具体的でかつ合理的で説得力のある事業計画を作成することが重要だと指摘しています。

Chapter I

Chapter II

Chapter III

Chapter IV

Chapter V

Chapter VI

Chapter VII

Chapter VIII

Chapter IX

Chapter X

2. 事業再構築補助金の事業計画書に含めるポイント

（1）中小企業庁「事業再構築補助金の概要」のポイント

2021年3月に中小企業庁から、「事業再構築補助金」申請の事業計画書として、以下の「概要」が示されました。まず、事業計画に含めるポイントが挙げられました。

- 現在の強み・弱み、機会・脅威、事業環境、事業再構築の必要性
- 事業再構築の具体的内容（提供する製品・サービス、導入する設備、工事等）
- 事業再構築の市場の状況、自社の優位性、価格設定、課題やその解決方法
- 実施体制、スケジュール、資金調達計画、収益計画（付加価値増加を含む）
  - ➡ 具体的な審査項目は公募要領に掲載予定です。事業化に向けた計画の妥当性、再構築の必要性、地域経済への貢献、イノベーションの促進などが審査項目となる可能性があります。

（2）事業類型による補助対象事業の要件

本書の冒頭で記したように、事業再構築では「通常枠」「卒業枠」「グローバルV字回復枠」「緊急事態宣言特別枠」の事業類型が設定されています。本書では主として「通常枠」について解説していきますが、通常枠の要件は下記のとおりです。

■通常枠の要件
①事業再構築指針に示す「事業再構築」の定義に該当する事業であること【事業再構築要件】
②申請前の直近6か月間のうち任意の3か月の合計売上が、コロナ以前（2019年または2020年1月〜3月）の同3か月の合計売上高と比較して10％以上減少していること【売上高減少要件】
③事業計画を認定経営革新等支援機関と策定すること【認定支援機関要件】
④補助事業終了後3〜5年で付加価値額の年率平均3.0％以上増加、または従業員一人当たり付加価値額の年率平均3.0％以上増加する見込みの事業計画を策定すること【付加価値額要件】
※付加価値額 ＝ 人件費 ＋ 減価償却費 ＋ 営業利益

(3) 「事業再構築指針の手引き」からのポイント

2021年3月17日には、同じく中小企業庁から、「事業再構築補助金」申請の事業計画書の指針として、定義や認可される要件が提示され、事業再構築の種別は「①**新分野展開**」「②**事業転換**」「③**業種転換**」「④**業態転換**」「⑤**事業再編**」とされました。このうち、①②③④の4つについて検討していきます。実際の適用要件にはどういうことが書かれているのか、以下に整理してみました。

※一部、「指針の手引き」に記載されている記述を改変しています。

新分野展開　要件と考え方の整理

分野		要件	該当
新分野展開（強み・経営資源を使った新たな挑戦）	製品等の新規性要件	①過去に自社において製造等した実績がないこと	
		②製造等に用いる主要な設備を変更すること	
		③競合他社の多くがすでに製造している製品ではないこと	
		④定量的に性能または効能が異なること	
		⑤「既存の製品の製造量等を増やす場合」ではないこと	
		⑥「既存の製品に容易な改変を加えた新製品を製造等する場合」ではないこと	
		⑦「既存の製品等を単に組み合わせて新製品等を製造する場合」ではないこと	
	市場の新規性要件（既存商品を新市場に）	①既存製品と新製品の代替性が低いこと（新製品を販売した際に、既存製品の需要の多くが代替されることなく、売上が販売前と比べて大きく減少しないこと）	
		②「既存の製品の市場の一部のみを対象とするものである場合」ではないこと	
		③既存製品と新製品の顧客層が異なること（任意要件）	
	10%要件	①3～5年間の事業計画期間終了後、新たな製品等の売上高が総売上高の10%以上となる計画を策定すること　【売上高10%要件】	

Chapter

I

Chapter

II

Chapter

III

Chapter

IV

Chapter

V

Chapter

VI

Chapter

VII

Chapter

VIII

Chapter

IX

Chapter

X

①新分野展開

大きく３つの要件（新製品の新規性、市場の新規性、売上高 10％以上）があります。ここで大事なポイントは、既存の「強み」を活かしつつ、製品や市場についていかに新規性を打ち出すかです。しかも、その新分野の売上が、５年目までに全体の 10％以上になるような事業計画にしなければなりません。

よく間違いやすいポイントとして、「**製品等の新規性**」の⑤「既存製品等の製造量等を増やす場合ではない」ことに注目してください。既存製品を増強するために設備投資をして、付加価値をつけて大幅な効率化が実現し、納期対応がよくなる、といった計画を立てても採択はされません。また「製品の新規性」の⑥⑦に「安易な改変や組み合わせによる新製品も該当しない」とあります。設備投資があまり伴わず、今の事業でも即できるような内容で新規性を訴求しても評価されないということです。

要件の考え方
●過去に製造していた製品等を再製造することは、事業再構築によって、新たな製品等を製造しているとは言えない ●過去に製造した実績がないものにチャレンジすることが必要になる
●既存の設備でも製造可能な製品等を製造することは、事業再構築によって、新たな製品等を製造しているとは言えない ●主要な設備を変更することが、新たな製品等を製造するのに必要であることが要件となる
●競合他社の多くがすでに製造している製品等を新たに製造することは容易であると考えられるため、申請に際しては、競合他社の動向を調査し、新たに製造する製品等が競合他社の多くにおいて製造されているものではないことを示すことが必要となる
●性能や効能の違いを定量的に説明することで、新たな製品等であることを示す必要がある（例：既存製品と比べ、新製品の強度、耐久性、軽さ、加工性、精度、速度、容量等が、○％向上する等）
例：自動車部品を製造している事業者が、単に既存部品の製造量を増やす場合は NG
例：自動車部品を製造している事業者が、新たに既存の部品に単純な改変を加えてロボット用部品を製造する場合は NG
例：自動車部品を製造している事業者が、既存製品である 2 つの部品を単に組み合わせたロボット用部品を製造する場合は NG
●市場の新規性要件を満たすためには、新製品等を販売した際に、既存製品の需要の多くが代替されることなく、売上が販売前と比べて大きく減少しないことや、むしろ相乗効果により増大することを事業計画において示す必要がある
●例：アイスクリームを提供している事業者が、バニラアイスクリームに特化して提供する場合、アイスクリームの市場の一部のみを対象とするものと考えられ、市場の新規性要件を満たさないと考えられる
●既存製品と新製品の需要・売上の決定要素を考慮し、顧客層が異なることを事業計画において示す場合には、より高い評価を受けることができる場合がある 　例：宿泊施設において、大宴会場を個室食事処に改修する場合、その事実のみでは利用する客層が異なることが示されておらず、高い評価が得られないと考えられる 　例：従来と異なる単価の客層や、観光客や日帰り入浴利用客など宿泊者以外も利用できること等を示すことで高い評価を受けられる可能性がある
●5 年間の事業計画期間終了後、新製品、新分野の売上高が総売上高の 10％以上となる計画を策定することで要件を満たす

②事業転換

「事業転換」では、同業種内において、前述の「新分野展開」と同様に「製品の新規性」「市場の新規性」が求められます。

「新分野展開」と違う点は、全売上の10%以上という条件ではなく、新事業の売上が最も高い比率になることが条件になっているというところです。

有体に言えば、「本気の事業転換」が必要だということです。

事業転換　要件と考え方の整理

分野	要件	該当
事業転換（主たる業種を変更することなく、主たる事業を変更すること）	①過去に自社において製造等した実績がないこと	
	②製造等に用いる主要な設備を変更すること	
	③競合他社の多くがすでに製造している製品等ではないこと	
	④定量的に性能または効能が異なること	
	⑤既存製品と新製品等の代替性が低いこと	
	⑥既存製品と新製品等の顧客層が異なること（任意要件）	
	⑦売上高構成比要件(3～5年間の事業計画期間終了後、新たな製品等の属する事業が、売上高構成比の最も高い事業となる計画を策定すること)【売上高構成要件】 ※売上高10%要件は不要	

Chapter

I

Chapter

II

Chapter

III

Chapter

IV

Chapter

V

Chapter

VI

Chapter

VII

Chapter

VIII

Chapter

IX

Chapter

X

要件の考え方とポイント
●同業種だが、新たな事業として過去に取り組んだ実績のない事業であれば、要件を満たす
●新たな事業の開業、展開にあたって、初期設備投資や改装などの費用がかかることで要件を満たす
●新事業の分野が、同業種同地域で展開しているケースがないなら要件を満たす
●既存商品と新事業製品・サービスが異なり、性能や効能を比較することが難しい場合は要件を満たす 　例：同じ飲食業でも、既存の「日本料理店」と新規の「焼肉店」は提供する商品が異なり、定量的に性 　　　能や効能（料理の品質や味）を比較することが難しい
●新事業が既存事業と異なる顧客のニーズに応えるものであることから、新事業により、既存事業の需要が代 　替され、売上高が減少するといった影響が見込まれないと考えられることを説明することで、要件を満たす 　例：「日本料理店」と「焼肉店」では顧客が求めるニーズが違う。焼肉店を新規に開業したことにより、 　　　日本料理店の需要が代替され売上が減少するといった影響が見込まれないことを示す
●ターゲット層の違いとその妥当性を説明することで、要件を満たす
●「新事業」と「既存事業」は、日本標準産業分類の細分類ベースで異なる分類がなされている。したがって、 　3年間の事業計画期間終了時点において、新事業の売上構成比が、日本標準産業分類細分類ベースの分類 　で最も高くなる計画を策定していれば、要件を満たす 　例：「日本料理店」と「焼肉店」は、日本標準産業分類の細分類ベースで異なる分類になっている。新規 　　　事業である焼肉店の売上構成比が、同上の分類で最も高くなる計画を策定すれば要件を満たす

③業種転換

「業種転換」とは、新製品や新ビジネスがこれまでの業種と異なるものになるということです。一般的な新規事業（製品も顧客も違うニュービジネス）が主力になるという要件です。

業種転換　要件と考え方の整理

分野	要件	該当
業種転換（新たな製品等を製造することにより、主たる業種を変更）	①過去に自社において製造等した実績がないこと	
	②製造等に用いる主要な設備を変更すること	
	③競合他社の多くがすでに製造している製品等ではないこと	
	④定量的に性能または効能が異なること	
	⑤既存製品と新製品等の代替性が低いこと	
	⑥既存製品と新製品等の顧客層が異なること（任意要件）	
	⑦売上高構成比要件（3～5年間の事業計画期間終了後、新たな製品の属する業種が、売上高構成比の最も高い事業となる計画を策定すること）【売上高構成比要件】 ※売上高10%要件は不要	

Chapter

I

Chapter

II

Chapter

III

Chapter

IV

Chapter

V

Chapter

VI

Chapter

VII

Chapter

VIII

Chapter

IX

Chapter

X

要件の考え方とポイント
●同業種であっても、新たな事業として過去に取り組んだ実績のない事業であれば、要件を満たす （レンタカー事業者が貸切ペンション事業を行う）
●新たな事業の開業、展開にあたって、初期設備投資や改装などの費用がかかることで要件を満たす
●新業種の分野が、同業種同地域で展開しているケースがないなら要件を満たす
●既存商品と新事業製品・サービスが異なり、性能や効能を比較することが難しい場合は要件を満たす （レンタカー事業と貸切ペンション事業の比較は難しい）
●新事業が既存事業と異なる顧客のニーズに応えるものであることから、新事業により、既存事業の需要が代替され、売上高が減少するといった影響が見込まれないと考えられることを説明することで、要件を満たす （レンタカーとペンションの需要は別であり、双方で代替されることはなく、むしろ相乗効果が期待できる）
●ターゲット層の違いとその妥当性を説明することが考えられる
●「新事業」と「既存事業」は、日本標準産業分類の細分類ベースで異なる分類がなされている。したがって、3年間の事業計画期間終了時点において、新事業の売上構成比が、日本標準産業分類細分類ベースの分類で最も高くなる計画を策定していれば、要件を満たす （レンタカーは物品賃貸業、ペンション経営は宿泊業、飲食サービス業である）

④業態転換

「業態転換」では、製造方法や製品の提供形態が大きく変わることを要件にしています。どこまでが「業態転換」として適用されるかは、各事業の内容によって異なってくるでしょう。

業態転換　要件と考え方の整理

分野	要件	該当
業態転換（製品等の製造方法等を相当程度変更）	①過去に自社において製造等した実績がないこと	
	②製造等に用いる主要な設備を変更すること	
	③競合他社の多くがすでに製造している製品等ではないこと	
	④定量的に性能または効能が異なること	
	⑤設備撤去等またはデジタル活用要件	
	⑥既存製品と新製品等の代替性が低いこと	
	⑦既存製品と新製品等の顧客層が異なること（任意要件）	
	⑧3〜5年間の事業計画期間終了後、新たな製品等の売上高が総売上高の10%以上となる計画を策定すること【売上高10%要件】	

Chapter

I

Chapter

II

Chapter

III

Chapter

IV

Chapter

V

Chapter

VI

Chapter

VII

Chapter

VIII

Chapter

IX

Chapter

X

要件の考え方とポイント
●過去に製品等を製造していた方法により、改めて製品等を製造する場合は要件を満たさない 　例：衣料品店を経営する企業が、すでに行っているネット通販業を拡大する場合などは NG
●既存の製造方法等に必要な主要設備が、新たな製造方法等に必要な主要設備と変わらない場合は要件を満たさない 　例：衣料品店が、新たな設備投資を伴わず、プラットフォームサービスとして提供されている EC サイトを用いて販売網を拡大する場合は NG
●競合他社の多くがすでに製品等を製造するのに用いている製造方法等である場合は、要件を満たさない 　例：新たに専用機械を導入して製造方法を変更しようとしたが、すでに競合他社の多くが同種の製造方法により製品を製造している場合は NG
●既存の製品と新製品等の性能に有意な性能の差が認められない場合は要件を満たさない 　例：工場の無人化を図るためにデジタル技術を導入する計画を立てたが、従来と比べて生産性の向上がなんら見込まれない場合は NG
●既存の設備の撤去や既存の店舗の縮小等を伴うもの、または非対面化、無人化・省人化、自動化、最適化等に資するデジタル技術の活用を伴うもの（単に汎用性のあるデジタル機器やソフトの利用ではなく、これらを新たな提供方法のために事業に応じてカスタマイズする、改良するなどの工夫が必要である）
●新業種の新事業が既存事業と異なる顧客のニーズに応えるものであることから、新業種の新事業により、既存事業の需要が代替され、売上高が減少するといった影響が見込まれないと考えられることを説明することで、要件を満たす
●ターゲット層の違いとその妥当性を説明することが考えられる
●「新業種」と「既存業種」は、日本標準産業分類の細分類ベースで異なる分類がなされている。したがって、3 年間の事業計画期間終了時点において、新事業の売上構成比が、日本標準産業分類細分類ベースの分類で、最も高くなる計画を策定していれば、要件を満たす

(4)「事業再構築補助金 公募要領」からのポイント

何回か発表されている公募要領では、「事業計画書作成の注意事項」が書かれています。そこに「審査項目・加点項目」が記載されています。

それを整理すると、下記の表のようになります。

この表から言えることが次項の「合理的で説得力のある事業計画書」につながっていきます。

なお、表の「事業計画書の注意点」の右側の欄「記載状況・記載箇所」というのは、作成した、あるいは作成中の事業計画書に当該事項が記載されているかどうかの状況で、記載されていれば、計画書のどこに記載されているかを記入します。

また、表の「審査項目」の右側の欄「適合の可否・記載箇所」とは、審査項目に適合しているかどうか、適合しているのなら、それは事業計画書のどこに記載されているかを記入します。

事業再構築補助金　事業計画書の注意点と審査項目

		チェックポイント	記載状況・記載箇所
事業計画の注意点	1	● 〈添付書類 ファイル名確認シート〉に沿って資料準備	
	2	● A4サイズで計15ページ以内で作成	
		【補助事業の具体的な取り組み内容】	
	3	●現在の事業の状況、「強み」「弱み」「機会」「脅威」、事業環境、事業再構築の必要性を具体的に記載	
	4	●事業再構築の具体的内容（提供する製品・サービス、導入する設備、工事等）、今回の補助事業で実施する新分野展開や業態転換、事業・業種転換等の取り組み、事業再編またはこれらの取り組みについて具体的に記載	
	5	●事業実施期間内に投資する建物の建設・改修等の予定、機械装置等の型番、取得時期や技術の導入、専門家の助言、研修等の時期についても、可能な限り詳細なスケジュールを記載	
	6	●応募申請する枠（通常枠、卒業枠、グローバルV字回復枠、緊急事態宣言特別枠）と事業再構築の種類（「事業再編型」「業態転換型」「新分野展開型」「事業転換型」「業種転換型」）に応じて、「事業再構築指針」に沿った事業計画を作成	
	7	●補助事業を行うことによって、どのように他社、既存事業と差別化し競争力強化が実現するかについて、その方法や仕組み、実施体制などを具体的に記載	
	8	●既存事業の縮小または廃止、省人化により、従業員の解雇を伴う場合には、再就職支援の計画等の従業員への適切な配慮の取り組みについて具体的に記載	

Chapter I
Chapter II
Chapter III
Chapter IV
Chapter V
Chapter VI
Chapter VII
Chapter VIII
Chapter IX
Chapter X

事業計画の注意点	9	●補助事業の成果の事業化が寄与するユーザー、マーケット及び市場規模が明確か。市場ニーズの有無の根拠を記載	
	10	●補助事業の成果が価格的・性能的に優位性や収益性を有し、かつ、事業化に至るまでの遂行方法及びスケジュールが妥当か（価格・数量の妥当性、優位性、ロードマップ）	
	11	●補助事業として費用対効果（補助金の投入額に対して増額が想定される付加価値額の規模、生産性の向上、その実現性等）が高いか。その際、現在の自社の人材、技術・ノウハウ等の強みを活用することや既存事業とのシナジー効果が期待されること	
	【将来の展望（事業化に向けて想定している市場及び期待される効果）】		
	12	●本事業の成果が寄与すると想定している具体的なユーザー、マーケット及び市場規模等について、その成果の価格的・性能的な優位性・収益性や課題、リスクとその解決方法などを記載	
	13	●本事業の成果の事業化見込みについて、目標となる時期・売上規模・量産化時の製品等の価格等について簡潔に記載	
	14	●必要に応じて図表や写真等を用い、具体的に記載	
	【本事業により取得する主な資産】		
	15	●単価50万円以上の建物、機械装置・システム等の名称、分類、取得予定価格等を記載	
	【収益計画】		
	16	●事業の実施体制、スケジュール、資金調達計画等について具体的に記載（組織、役割分担、外注体制、5か年収支計画、資金調達表）	
	17	●収益計画（表）における「付加価値額」の算出については、算出根拠を記載	
	18	●自己資金、金融機関からの融資可能なことを記載	

		チェックポイント	適合の可否・記載箇所
審査項目		【補助対象事業としての適格性】	
	1	補助対象事業の要件を満たすか。補助事業終了後3～5年計画で「付加価値額」年率平均3.0％以上の増加等を達成する取り組みであるか	
		【事業化点】	
	2	①本事業の目的に沿った事業実施のための体制（人材、事務処理能力等）や最近の財務状況等から、補助事業を適切に遂行できると期待できるか。また、金融機関等からの十分な資金の調達が見込めるか	

審査項目	3	②事業化に向けて、競合他社の動向を把握すること等を通じて市場ニーズを考慮するとともに、補助事業の成果の事業化が寄与するユーザー、マーケット及び市場規模が明確か。市場ニーズの有無を検証できているか	
	4	③補助事業の成果が価格的・性能的に優位性や収益性を有し、かつ、事業化に至るまでの遂行方法及びスケジュールが妥当か。補助事業の課題が明確になっており、その課題の解決方法が明確かつ妥当か	
	5	④補助事業として費用対効果（補助金の投入額に対して増額が想定される付加価値額の規模、生産性の向上、その実現性等）が高いか。その際、現在の自社の人材、技術・ノウハウ等の強みを活用することや既存事業とのシナジー効果が期待されること等により、効果的な取り組みとなっているか	
		【再構築点】	
	6	①事業再構築指針に沿った取り組みであるか。また、全く異なる業種への転換など、リスクの高い、思い切った大胆な事業の再構築を行うものであるか	
	7	②既存事業における売上の減少が著しいなど、新型コロナウイルスの影響で深刻な被害が生じており、事業再構築を行う必要性や緊要性が高いか	
	8	③市場ニーズや自社の強みをふまえ、「選択と集中」を戦略的に組み合わせ、リソースの最適化を図る取組であるか	
	9	④先端的なデジタル技術の活用、新しいビジネスモデルの構築等を通じて、地域のイノベーションに貢献し得る事業か	
		【政策点】	
	10	①デジタル技術の活用、低炭素技術の活用、経済社会にとって特に重要な技術の活用等を通じて、我が国の経済成長を牽引し得るか	
	11	②新型コロナウイルスが事業環境に与える影響を乗り越えてV字回復を達成するために有効な投資内容となっているか	
	12	③ニッチ分野において、適切なマーケティング、独自性の高い製品・サービス開発、厳格な品質管理などにより差別化を行い、グローバル市場でもトップの地位を築く潜在性を有しているか	
	13	④地域の特性を活かして高い付加価値を創出し、地域の事業者等に対する経済的波及効果を及ぼすことにより、雇用の創出や地域の経済成長を牽引する事業となることが期待できるか	

Chapter

I

Chapter

II

Chapter

III

Chapter

IV

Chapter

V

Chapter

VI

Chapter

VII

Chapter

VIII

Chapter

IX

Chapter

X

審査項目	14	⑤異なるサービスを提供する事業者が共通のプラットフォームを構築してサービスを提供するような場合など、単独では解決が難しい課題について複数の事業者が連携して取り組むことにより、高い生産性向上が期待できるか。また、異なる強みを持つ複数の企業等（大学等を含む）が共同体を構成して製品開発を行うなど、経済的波及効果が期待できるか	
		【令和3年の国による緊急事態宣言の影響を受けた事業者に対する加点】	
	15	①令和3年の国による緊急事態宣言に伴う飲食店の時短営業や不要不急の外出・移動の自粛等により影響を受けたことにより、2021年1月〜3月のいずれかの月の売上高が対前年（または対前々年）同月比で30％以上減少していること	
	16	②上記①の条件を満たしたうえで、2021年1月〜3月のいずれかの月の固定費（家賃＋人件費＋光熱費等の固定契約料）が同期間に受給した協力金の額を上回ること	

（5）合理的で説得力のある事業計画書とは

「合理的で説得力のある事業計画書」とは何か？

- ●**製品に新規性があるか**
- ●**社としてそれを実行する合理的な理由**
- ●**その多角化が事業として継続する理由（数値とともに示す）**
- ●**先発企業があるのに、どうしてその多角化がうまくいくのかを説明**
- ●**補助金後の持続が可能である理由**
- ●**新製品の売上が10％を超える理由（「事業転換」と「業種転換」は売上構成比が最大）**

こういう事項が「合理的で説得力のある事業計画書」の根幹になるものです。
では、どういう議論をしなければならないか一つひとつ解説していきます。

①製品に新規性があるか

　この補助金では、「製品の新規性」「市場の新規性」が細かく定義づけされています。そこにハードルの高さを感じるのですが、全く関連のない新規製品や新市場で収益を上げることは、多くの場合実際にはムリなことです。

　したがって、**今ある経営資源を活用して新たな製品展開**を考えなければなりません。

しかも、一般的に出回っている商品の模倣ではなく、オリジナリティが求められます。

②社としてそれを実行する合理的な理由

すでにある「強み」や「経営資源」が活かせること、シナジー効果があること、顧客のニーズがあることなどを具体的に「強み」分析で掘り下げていきます。

また、「強み」の多角的活用、「強み」が他のどういうビジネスに転換可能かも見ていきます。

③その多角化が事業として継続する理由

多角化や新規事業またはチャレンジが継続するには、市場ニーズが今後どうなっていくのか、それを「機会」分析で見ていきます。

つまるところ市場やニーズの変化ですが、中小零細企業はあまりマクロの動きを見なくても、特定の顧客層のニーズの変化を見るだけでもよいでしょう。

④先発企業があるのにどうしてその多角化がうまくいくと言えるのか

ここはとても大事なポイントです。どんな新規事業や多角化も、どんなアイデアもすでに先を越されている場合があります。そこに後から割って入るわけですから、それなりの「差別化」や「合理的で具体的な理由」が必要です。

ここでのポイントは「特定の顧客層」「絞り込んだターゲット」の具体的なニーズに応え、その「特定の顧客層」の市場を横に拡げる（例えば、限定地域から広域化、全国へ拡大）ことなどです。

多くの中小零細企業の多角化戦略では、人的資源の不足を補うために「オンライン販売」「Web戦略」を同時に組み込むことが不可欠になります。

⑤補助金後も持続できる理由

概要には、「補助金終了後も5年間、年次報告が必要」と記載されています。報告しなければならないからではなく、事業として継続するためには、「どういう組織や役割分担で行うか」「どういう行動プロセスで実現するのか」などの具体的手段も要求されます。

⑥新製品の売上が全体構成比10%を超える理由

新製品の売上が全体の10%以上になるのだから、本格的な設備投資やマーケティング投資が必要です。

しかも、既存製品の代替で売上を創るのではなく、新たな売上としてONされることが要求されています。

Chapter
I

Chapter
II

Chapter
III

Chapter
IV

Chapter
V

Chapter
VI

Chapter
VII

Chapter
VIII

Chapter
IX

Chapter
X

既存事業を維持しつつ（多少のダウンは考慮しても）、新製品売上を全体の10％にする計画です。当然、マーケティング戦略が重要な要素になります。

（6）思い込みや思いつきで、条件をクリアするのは不可能

上記のように、「製品の新規性」「市場の新規性」「売上10％」などを中心とした細かいハードルをクリアしなければなりません。

> ● 融資が出るなら、今のうちに◇◇に思い切って設備投資して、効率化や増産体制を敷こう
> ● 本業は今後はダメだから、少し始めている△△事業を補助金をもらって拡大しよう
> ● 以前開発した商品をこの機会にリニューアルして、メイン商品にしていこう
> ● 今の設備を補修して、商品を改良して付加価値を上げよう
> ● A商品にBという機能を加えて、新商品として売り出そう

こういう思いで取り組もうとしている方も多いでしょう。

しかし、今回の補助金の要件では、こうしたケースではほとんど適用されないようです。

私たちがこの「指針の手引き」が出た後に指針に沿って作成した「事業再構築補助金事業計画書」のモデルは、クロスSWOT分析を活用し、さまざまな条件や要件の適合性を見ながら、計画書と要件を行ったり来たりしながら、検討していきました。

また、前述したように、「製品に新規性があるのか」「御社がそれをやる合理的な理由」「その多角化が事業として継続する理由」「先発企業があるのに、どうしてその多角化がうまくいくと言えるのか」「補助金後の持続できる理由」「新製品の売上が10％を超える理由」——これらのチェックポイントをクリアにするために、具体的なイメージが湧くストーリーを描く必要があります。

したがって、チェックポイントを押さえながら、ロジカルに議論することが絶対必須になります。

（7）SWOT分析が必要とされる理由

概要では、「SWOT分析を活用しなさい」とは書いていませんが、要求されている内容はまさにSWOT分析そのものです。

SWOT分析がここで求められる背景は、やはり「外部環境」と「内部要因」がバ

ランスよく分析できること、そして「強み」分析に重点を置いているからでしょう。

SWOT分析が経営戦略策定に使える最大の理由は、クロス分析です。**自社の「強み」や「使える経営資源」と、自社が攻めたいマーケットのニッチニーズや新たな可能性である「機会」を掛け合わせて、独自の「積極戦略」を創り出せること**です。

だから、「**同業種、同規模、同地域」のライバル企業同士でも、異なる戦略を導き出せる**のです。

この掛け合わせで、独自の経営戦略を立案するメソッドは「SWOT分析」独自のものです。ほかの経営分析ツールや戦略立案ツールにはないものです。

私たちは、すでに数社の事業再構築補助金を前提にした「SWOT分析と事業再構築計画書」の作成を支援しています。ここで明らかになったことは、SWOT分析を活用することで、「合理的で説得力のある事業計画書」にすることが可能になるということです。

しかしながら、「誰でも簡単にSWOT分析で聞き出せるわけではない」のも事実です。実際に、SWOT分析の知見や経験が乏しい人が行うSWOT分析のフォームに記載した内容を見ると、抽象的な表現が目立ち、戦略が深掘りされていないものが多いようです。

これは「**聞き出すスキル」「ヒントを出すスキル」「文書に落とし込むスキル」が不足している**からです。

これらのスキルを高めるには、「ロールプレイング研修」などで何回か模擬経験してみることです。これがいちばん効果的です。

㈱アールイー経営では毎月、「ZOOMでSWOT分析ロープレ」を実施していますので、興味がある方は体験されるとよいでしょう。

https://re-kentei.com/zoom-swot-basic-version.html

会計事務所の監査担当者のなかには「SWOT分析ヒアリング」の前に、このロープレを何回か経験し、本番に臨んでいる方も結構います。

それでは、第2章以降に「クロスSWOT分析」の実際について解説しているので、ぜひその効果とポイントを学んでください。

Chapter II

事業再構築では
「クロス SWOT 分析」
が必須

1. SWOT分析の基本的な考え方

(1) SWOT分析の概要

SWOT分析とは、どういうものでしょうか。

SWOT分析の概念とか概略は聞いたことがある人は多いと思います。その基本的な考え方は、以下のとおりです。

SWOT分析の4つの要素

強み	自社の内部要因である「強み」(Strength) の頭文字=「S」
弱み	自社の内部要因である「弱み」(Weakness) の頭文字=「W」
機会	外部環境で今後の可能性やチャンスを示す「機会」(Opportunity) の頭文字=「O」
脅威	外部環境で今後のリスクや厳しい状況を示す「脅威」(Threat) の頭文字=「T」

各要素の頭文字から **SWOT分析**という

外部環境と内部要因を掛け合わせて**クロス分析を行い**、固有の戦略を導き出す。

- 「機会」×「強み」=積極戦略（今後の可能性・チャンスに自社の強みを活かした具体策）

- 「脅威」×「弱み」=致命傷回避・撤退縮小戦略（脅威やリスクがあるのに、自社の弱みが災いして、危険な状況になっている。それを打開するための具体策）

- 「機会」×「弱み」=改善戦略（今後の可能性・チャンスがあるのに、弱みがネックになっているので、それを改善してチャンスをつかむ具体策）

- 「脅威」×「強み」=差別化戦略（今後の脅威があり、他社も手を引く可能性があるので、自社の強みを活かして徹底した差別化やNO1戦略をとる具体策）

Chapter I

Chapter II

Chapter III

Chapter IV

Chapter V

Chapter VI

Chapter VII

Chapter VIII

Chapter IX

Chapter X

すでに SWOT 分析を経験または学習している人は、「脅威」×「弱み」＝「専守防衛または撤退」ではないのか？ と疑問をもつかもしれません。

私たちが提唱している「致命傷回避・撤退縮小戦略」も基本的には同じ意味ですが、専守防衛や単に撤退という表現がしっくりこなかったので、**致命傷回避・撤退縮小戦略**としています。

一般に知られている SWOT 分析は、**バランススコアカード（BSC）**という経営戦略を構築するための評価システムのツールとして使われることが多いようです。

バランススコアカードについても、簡単に紹介しておきましょう。

BSC は 1992 年、ハーバードのキャプラン教授らによって考案され、欧米の有名企業に導入が進み、日本でも第一人者と言われる横浜国立大学の吉川武男名誉教授らのグループによって普及されています。参考文献：『図解入門 最新バランス・スコアカードがよ～く分かる本』（藤井智比佐著、秀和システム）。

この BSC を簡略して言えば、「ビジョンや戦略を実現するために４つの視点（財務、顧客、内部業務プロセス、学習成長）で重要な目標をバランスよく定め、それを評価（スコアリング）していくマネジメント手法」です。詳しくは『バランス・スコアカードの使い方がよくわかる本』（松山真之助著、中経出版）などを参考にされるとよいではしょう。

本書は「クロス SWOT 分析」を活用した実務書なので、SWOT 分析についても多少説明しますが、SWOT 分析を一から学ぶのであれば、いずれも拙著ですが、**『SWOT 分析による経営改善計画書作成マニュアル』『SWOT 分析コーチング・メソッド』**（マネジメント社）などを参考にされるとよいでしょう。

ただし、SWOT 分析を有効なものにするためには、SWOT 分析を指導するコーチ役のスキルが必要であることは、第１章で述べたとおりです。

「クロス SWOT 分析」を図にすると、次ページのようになります。

内部要因の「強み」「弱み」、外部環境の「機会」「脅威」の各要素を掛け合わせ（クロスさせ）、フィットした部分が戦略や戦術として抽出されていきます。

クロスSWOT分析（イメージ図）

		機会（O）		
外部環境	〈1〉	同業者や異業種を参考にして、高付加価値のニーズに対応した「高価格商品」を実現するには、どんな具体的な商材・サービスを開発すれば可能か		
	〈2〉	現在の商材に対して、サービスや機能、容量、頻度、手間を大幅に減らし、どういう「低価格商材」を実現すればチャンスが広がるか		
	〈3〉	クラウド、ウェブサイト、facebook、Twitter 等、ITのさらなる普及をどう上手に利用すれば、販売増につながるか		
	〈4〉	現在の市場（営業地域）だけでなく、域外、海外などにエリアを拡大すれば、どういうチャンスが生まれるか（販売面や調達面も含めて）		
	〈5〉	ウェブサイトを活用して、通販、直販、顧客との直接のネットワークを構築すれば、どんなビジネスチャンスが可能か		
	〈6〉	顧客との共同開発、OEM（相手先ブランドによる製造）等、顧客との相互取り組みによって、どういうチャンスが広がるか		
		脅威（T）		
	①	顧客からの「サービス面」「スピード対応要求」の圧力やニーズは、どういう点が自社の「脅威」となるか		
	②	技術革新による代替品や、低価格の輸入品等の供給による「脅威」は、具体的にどういうことがあるか		
	③	自社の営業地域・マーケットの人口動態やライフスタイルの変化で、「脅威」になるとしたらどういうことか		
	④	競合他社の動きで警戒すべき「脅威」になる動きは何か		
	⑤	外注先・仕入先の動向や要望で「脅威」になることは何か（値上げ、事業縮小・廃業、サービス縮減、品質問題等）		
	⑥	直販、通販、ネット販売等の直接販売の動きでは、どういう「脅威」的な展開が具体的にマイナスに影響するか		

Chapter I

Chapter II

Chapter III

Chapter IV

Chapter V

Chapter VI

Chapter VII

Chapter VIII

Chapter IX

Chapter X

内部要因			
強み（S）		**弱み（W）**	
A	「機会」の市場・顧客ニーズに対応できる技術全般（技術者、技術面での優位）の「強み」は何か	a	競合他社と比較して、自社が明らかに負けている点（ヒト、モノ、カネ、技術、情報、効率、社内環境等）は何か
B	顧客に安心感を与えるアフターサービスや体制、機能としての「強み」は何か	b	顧客ニーズに対応していない点は何か。その結果、どういう現象が起こっているか
C	他社より抜きん出ている固有ノウハウ（生産技術・販売・性能機能・組織体制等）は何か。また「強み」に活かせる取扱製品の価値転換の可能性は何か	c	顧客開拓、企画力での弱みは何か
D	他社では取り扱えない商品の権利（特約店や専売地域）としての「強み」は何か	d	業績悪化要因につながっている弱みは何か
E	特に強い顧客層・エリアはどこか。それはなぜ「強い」のか	e	商品力、開発力での弱みは何か
F	他社との差別化につながる顧客への営業支援機能（IT、情報サービス、営業事務、バックアップ体制等）での「強み」は何か	f	サービス力での弱みは何か
組合せ番号（例〈2〉-B）	【積極戦略】自社の強みを活かして、さらに伸ばしていく対策。または積極的に投資や人材配置して他社との競合で優位に立つ戦略 / 左記対策を実施した場合の概算数値（件数増減、売上増減、経費増減、利益改善、%増減等）	組合せ番号（例〈5〉-C）	【改善戦略】自社の弱みを克服して、事業機会やチャンスの波に乗るには何をどうすべきか / 左記対策を実施した場合の概算数値（件数増減、売上増減、経費増減、利益改善、%増減等）
	●即実行する戦略や具体策 ●重点方針や突破口になる戦略 ●人員も費用もかけて取り組む戦略		
			●市場攻略のネックになっている「弱み」克服まで3年かける戦略や具体策 ●「弱み」克服のため、自社だけでムリなら、コラボや提携の戦略
組合せ番号（例③-E）	【差別化戦略】自社の強みを活かして、脅威をチャンスに変えるには何をどうすべきか。 / 左記対策を実施した場合の概算数値（件数増減、売上増減、経費増減、利益改善、%増減等）	組合せ番号（例⑥-e）	【致命傷回避・撤退縮小戦略】自社の弱みが致命傷にならないようにするにはどうすべきか。またはこれ以上傷口を広げないために撤退縮小する対策は何か / 左記対策を実施した場合の概算数値（件数増減、売上増減、経費増減、利益改善、%増減等）
	●じり貧市場でも他社のシェアを奪い圧倒的ナンバーワンになる戦略 ●ライバルがお手上げになるまでの我慢戦略 ●「強み」があっても「撤退する」		
			●リストラ型の戦略の意思決定 ●やめる商品、やめる顧客の具体策 ●事業仕分け、戦略の絞り込み

（2）SWOT 分析スキル検定者による指導の違い

　本書の共著者メンバーは㈱アールイー経営が主宰する「SWOT 分析スキル検定」の合格者です。

　この検定は、私（嶋田）の経営コンサルタント歴 36 年・360 社のコンサルティング経験と、20 年前から現在まで 300 事業所で支援した「実践 SWOT 分析」のノウハウを習得してもらう国内唯一の SWOT 分析専門検定です。これまで延べ 200 名のコンサルタントや税理士などが受講しています。

　SWOT 分析という経営戦略分析メソッドがアメリカから日本に伝わって、もう数十年になります。

　私が中小企業の SWOT 分析に取り組み始めた 20 年前には、経営学者が書いた「大企業の後付け SWOT 分析」の本しかありませんでした。しかも、クロス分析の事例が少なく、単純に「強み」「弱み」「機会」「脅威」を列挙して、経営戦略につなげるという、無理やりな後付け理論で、これが SWOT 分析なのだということでした。

　しかし、私が実際に SWOT 分析をやってみると、多くの矛盾することが出てきました。それでも、参考になるものがない中で試行錯誤しながら、**中小企業経営者にわかりやすい SWOT 分析**を徐々に確立してきました。特に、「機会」の抽出に必要な「具体的なヒント」は、実際のコンサルティング現場経験やいろいろなメソッドを参考に作り上げました。

　㈱アールイー経営が主宰する SWOT 分析スキル検定講座の受講者には、そのノウハウを余すことなく提供しています。今回の共著者もその経験を自社内やクライアントに提供して、多くの実績を積んでいます。

（3）専門家から指導された業界常識的な戦略は行き詰まる

　自社の業界に精通したコンサルタントなどに、
「この業界はこのように進みます」
「この流れに遅れてはいけません」
「この手法がこの業界の常識になっています」
などと指導され、経営者はそのご託宣に沿って実行しますが、なかなか成果が出ないケースが多いものです。

　その理由は何でしょうか？

　「業界の常識は、資本力があり規模の大きい企業にはマッチするが、中小零細企業が真似をしてもうまくいかない」ということです。

　むしろ、「逆張り」や「選択と集中」「絞り込み」「特化」などの、業界の常識とは

Chapter I
Chapter II
Chapter III
Chapter IV
Chapter V
Chapter VI
Chapter VII
Chapter VIII
Chapter IX
Chapter X

一線を画す戦略を粛々と迷わずに実行している中小零細企業は、しっかり儲かっています。他社と同じことをしても限界があることを経営者は知っているのです。

SWOT分析が有効なのは、この「業界の常識」「世間の一般論」ではなく、**その企業独自のニッチ（隙間）市場やニッチニーズ、ニッチカテゴリーを見つけ出し、そこに少しでも使える経営資源をぶつけて、独自の経営戦略を決定していくことができる**ツールだからです。

したがって、同じ業種でも、分析結果の経営戦略は異なる場合が多いのです。

（4）SWOT分析が他の経営分析ツールより秀逸な理由

① SWOT分析は理論がシンプルで、答えが決まっていない

SWOT分析は、先ほど述べたように外部要因である「機会」「脅威」、内部要因である「強み」「弱み」をそれぞれ掛け合わせて（クロス分析）、4つの「積極戦略」「致命傷回避・撤退縮小戦略」「改善戦略」「差別化戦略」を導き出します。

「機会」「脅威」「強み」「弱み」を聞き出すポイントもほぼ決まっています。掛け合わせとは、34〜35ページの図をご覧ください。

例えば、「機会」の何番と、「強み」の何番を掛け合わせて、「積極戦略の中身は、○○○○だ」というイメージです。つまり、その企業独自の「ニッチニーズ・ニッチ市場」と「そこに使える経営資源の強み」を掛け合わせるので、どこにもない自社特有の経営戦略になりやすいのです。

ほかにもPEST分析、PPM分析、3C分析、5 force分析など、いろんな経営戦略分析手法がありますが、SWOT分析が中小零細企業に適している理由は、理論がシンプルであり、素人でもやろうと思えばできるからです。他の経営戦略立案ツールは、相当なスキルと知識が必要なので、中小企業が社内で使うには不向きでしょう。

また、他の経営戦略立案ツールでの分析では、業界業種、競合を考えると、ある程度答え（戦略）が決まっていますが、SWOT分析では、同地域・同業種・同規模でも、答えは異なります。

しかも、SWOT分析は分析過程が**「経営者が納得する進め方」**なので、**「教えられた感・指導された感」がなく、自主的に決めたという感覚になりやすい**のも中小企業向けと言えるでしょう。

②業界のあるべき論ではなく、自社独自にフォーカス

狙う「ニッチニーズ・ニッチ市場」も違えば、そこに使える「強み」も違うなら、たとえ業界・業種が同じでも、「類似戦略」にはなりえないというのが、SWOT分析理論です。したがって、自社独自の戦略や具体策を目指すことで、現状打開の可能性

が出てきます。

　金融機関や会計事務所がネットでの情報や書籍からの情報で「御社の業界は○○○○すべきではないですか」としたり顔で指導したり提案しても、一般的な取り組みではすでにライバルもあり、差別化が難しいものです。

　ましてや中小零細企業は、例外なく経営資源も限られています。一般的な、ありきたりの業界の常識的な提案をされても、ほとんどの経営者は心から納得しないでしょう。なぜなら、「その業界の常識で行うことがいかに大変か」「自社の規模やレベルでは不可能なこと」をいちばんよく知っているのは経営者だからです。

　その点、SWOT分析によって自社独自の「経営戦略」を立案できれば、経営者は**自らヤル気になって取り組む**ことを確信しますし、その結果ほとんどは成功しました。納得感をもって取り組むのと、専門家の指導でなんとなく取り組むのとでは、大きな違いがあることがわかるでしょう。

③普通のSWOT分析では効果なし

　SWOT分析は中期ビジョンづくり、事業再構築や事業性評価、それに関連する経営計画書の作成において、「**根拠をあぶり出すツール**」であることは間違いありません。

　ただ、一般的な普通のSWOT分析では、その効果は少ないと見てよいでしょう。特に「クロス分析」のないSWOT分析などは論外で、分析の結果出てくる戦略は表面的、抽象的な表現にとどまり、「なぜ」「誰が」「いつまでに」「何を」「どのように」「いくらで」「どうする」という5W2Hへの深掘りがされません。

　SWOT分析スキル検定を受講した200名超のコンサルタント、税理士、生保営業、社労士の方々が異口同音に言うことがあります。それは、

> ● 自分が理解しているSWOT分析とは別物であった。ここまで深く掘り下げた経験がない
> ● 経営計画の目標との差額対策を、SWOT分析で商材単位で導く方法を知った
> ● 自分が進めるクロス分析が浅いと思っていたが、それは「機会」と「強み」の抽出が浅かったからだとわかった
> ● クロス分析の結果、経営者が納得する具体策になる理由がわかった

　なぜこういう感想になるかというと、SWOT分析スキル検定での分析方法においては、「商品戦略、顧客戦略、価格戦略」と、それを進めるための「SP戦術」「仕掛け対策」「大まかな行動」「概算数値の目標」まで記載するからです。

　今回の事業再構築補助金用の事業計画を作成する経営者は、このリアルなスキルを持ったコンサルタント、会計事務所などの経営支援の専門家と取り組むことが必要で

す。「**合理的な説得力のある事業計画書**」が条件になっていますから、の条件をクリアする事業計画書を作成するには、専門家の知識と経験を活かしたほうが早道なのです。

④実践に使えるクロスSWOT分析の本質

SWOT分析や各クロス分析で、深掘りした内容まで入れる最大の理由は、「**コーチング・メソッド**」と「**ファシリテーション技術**」を使っているからです。

コーチング・メソッドとは、経営者を相手にした質問力、ヒント力と言い換えてもよいでしょう。ファシリテーション技術とは、経営者だけでなく、後継者や役員幹部までを含めた会議形式でSWOT分析をした場合の合意形成のメソッドです。

いかに、SWOT分析の理論を知っても、このコーチング・メソッドとファシリテーション技術を習得して活用しないと、経営者や経営幹部の潜在的なアイデアや考えを引き出すことは難しいのです。

クロスSWOT分析の成否は、SWOT分析知識、マーケティング知識などより、コーチング・メソッド、ファシリテーション技術次第と言っても過言ではないでしょう。

⑤クロスSWOT分析で何が見えてくるか

SWOT分析は1つではありません。どういうことか――。

一般にSWOT分析は企業単位で実施しますが、それには条件があります。それは、零細企業であり、事業内容(提供する商材や販売チャネル、販売店)が1つのケースです。

それ以外のケースでは、別々にSWOT分析をする必要があります。

例えば、同じ飲食業でも4店舗あり、それぞれ「焼き肉店」「とんかつ店」「イタリアン」「うどん店」と異なる業態なら、「焼き肉SWOT分析」「とんかつSWOT分析」「イタリアンSWOT分析」「うどんSWOT分析」を別々に実施しないと、思うような結果が得られません。

また、SWOT分析の目的によっても、進め方が異なります。

例えば、

- ●商品開発を目的としたSWOT分析
- ●顧客開拓を目的としたSWOT分析
- ●価格アップを目的としたSWOT分析
- ●新規事業の可否判断のためのSWOT分析
- ●重点顧客への対応策を決めるSWOT分析
- ●各事業の将来像・ビジョンを作成するためのSWOT分析

など。

なぜなら、クロス SWOT 分析をすることで、5W2H で表現される具体的な内容が決まっていくからです。

　SWOT 分析は、業界の常識や一般論、あるべき論などの概論を議論するものではなく、**固有名詞満載の「根拠ある具体策」**を決めていくものなのです。

　だから、クロス分析のない一般的な内容や、クロス分析があっても掘り下げの浅いSWOT 分析では結果が出ないのは当たり前です。

　以前、ある経営者から、こんなことを言われたことがあります。

　「SWOT 分析！　ああ知っていますよ。指導を受けてやってみたけれど、具体的なことは何も決まらず、あまり効果はなかったですね」と。

　おそらく、その経営者は**「本物のクロス SWOT 分析」**を経験していないのでしょう。

⑥進化したクロス SWOT 分析だから事業再構築・事業計画書に適合

　SWOT 分析はこれまでとてもシンプルで、聞き方、書き方次第で結果もピンキリでした。しかし、そういうレベルだと指導する人によって成果が大きく異なります。

　それではせっかくの秀逸な分析ツールである SWOT 分析が普及しません。そこで、2020 年の後半から「もっとリアルに」「もっと固有名詞に（具体的な内容）」「**もっと誰でも使えるツールに**」と考え、新しいフォームづくりを試行錯誤してきました。

　そして、事業再構築補助金用の事業計画書を前提にした「進化版クロス SWOT 分析フォーム」が完成し、今はそれを使って事業再構築補助金用の事業計画書作成支援を行っています。

　また、㈱アールイー経営が提供しているオンラインサロンの参加者や「ZOOM でSWOT 分析ロープレ」受講者にもこのフォームを提供しています。詳細は次章で説明します。明らかに今までとは違うことがご理解いただけると思います。

Chapter
I

Chapter
II

Chapter
III

Chapter
IV

Chapter
V

Chapter
VI

Chapter
VII

Chapter
VIII

Chapter
IX

Chapter
X

2. 「事業再構築 指針の手引き」との関連

(1) 今ある「強み」と「経営資源」を深掘りする

今回の事業再構築補助金・事業計画でのポイントは、今ある「強み」と「経営資源」から、どんなビジネスチャンスがあるのかを見つけ出すことです。

そのためには、今ある顕在的な「強み」を ——

- どう活かせば新たな製品開発につながるか
- どういう市場で受け入れられるか
- 後発企業が先発企業から売上を取っていくには、どこで差別化するか
- その事業が売上の 10 % 以上になるには、どういうマーケティングが必要か
- その事業の成果で付加価値額が年率 3 % 以上可能か

などを意識して分析しながら、SWOT 分析を進めていくことになります。

(2) 製品の新規性は「強み」分析、市場の新規性は「機会」分析で

製品の新規性は「強み分析」から引っ張り出します。今の「強み」を活かして、どういう商品に仕立てるか？ しかも、過去に取り組んでいないことが条件です。

市場の新規性は「機会分析」から捻出します。ここは「新規性のある製品」を求めるマーケットはどこかを考えます。

ただし、「マクロ分析」で市場を大きく見すぎると、差別化ができなくなるのです。したがって、「ニッチ市場」で差別化を図り、それを横展開することで売上額が全体の 10 % 以上の規模を狙うという考え方です。

(3) 売上比率 10% 以上はマーケティング戦略次第

クロス SWOT 分析では、「強み」×「機会」＝「積極戦略」というものを抽出します。

この積極戦略の抽出では、「新製品」と「新市場」での独自の製品機能、ターゲット、売り方等が議論され、その詳細が浮き彫りになります。

製品に新規性があり、さらに市場での新規性もあると判断したら、後はマーケティング戦略で、それをいかに売るかを細かく決めていきます。

本書で紹介する最新のクロス SWOT 分析では、ここを議論しやすくしています。マーケティング戦略が記載されていない事業計画書では後々大変なことになるし、そもそも「合理的で説得力のある事業計画書」にはならないので、計画書作成を支援する認定支援機関はよく選んだほうがよいでしょう。

(4) 後発企業でも勝てる USP を明確に打ち出す

事業再構築・事業計画で新たな市場へ製品開発し、売上 10% 以上に持っていくには、USP（ユニーク・セリング・プロポジション＝独自のウリ）が不可欠です。

USP は、後発企業が先発企業に対して、どの強みから差別化し、先発企業とは異なるターゲット顧客をどこに設定するかを明確にすることです。しかも、**マーケティング戦略では、特定に販促方法で差別化し、売り方も先発企業とは違う取り組みをする**ことが求められます。

事業再構築補助金の前提として「製品の新規性」「市場の新規性」が求められているので、その段階で差別化や先発企業との違いは議論されたはずです。

ただ、**ロジカルな理屈づけができているかどうかが重要**です。クロス SWOT 分析では、そこに注力して、可能な限り「先発企業のマーケティング戦略」とは違う視点での手法や先発企業が手薄なマーケットに重点化するなどの方法論の違いを出します。

Chapter
I

Chapter
II

Chapter
III

Chapter
IV

Chapter
V

Chapter
VI

Chapter
VII

Chapter
VIII

Chapter
IX

Chapter
X

3. 事業再構築補助金を前提にした「事業計画書」作成のポイント

（1） 事業計画書フォームに記入する前に心得ておくこと

事業再構築・事業計画で「新たな市場」へ「設備投資」をして「新製品開発」し、「売上構成比 10% 以上」と「3 ～ 5 年後の付加価値額が年平均 3% 以上の増加」に持っていくには、「合理的な根拠」が不可欠です。

事業計画書は A4 で 15 枚以内という指定（2021 年 3 月 26 日の公募要領）です。審査項目には、指針や手引書に示されている要件及び「付加価値額要件」や「事業化点」「再構築点」「政策点」などがあります。この概要については第 1 章 24 ～ 27 ページを参照してください。事業計画書フォームに記入する際には、これらのことを意識しながら作成する必要があります。

事業計画書フォームに、いきなり「新分野展開」などの案件を書くことも可能ですが、指針や公募要領の要求する事項にしっかり答えるには、クロス SWOT 分析をベースにした書き方をしたほうがうまくいきます。

というのも、案件ありきで事業計画書フォームを参考にして記載しても、「事業再構築補助金」の指針と合致しない内容になる可能性が出てくるからです。実際、事業再構築補助金の申請を予定している何社かに、このクロス SWOT 分析を使って次に解説するステップで事業計画書を作成したところ、非常に書きやすいことに気づきました。

（2） クロス SWOT 分析のポイント

①強み分析

「強み分析」では、自社が持っている各種の経営資源が、今後可能性のある分野（新市場やニッチ市場）に使えるかを詳細に分析します。目に見えている「強み」だけでなく、「潜在的な強み」をどう見つけるかです。

②機会分析

コロナ禍やアフターコロナを想定して、新たに生まれた市場ニーズ、ニッチな市場でのニーズなど、自社の「強み」が活かせる小さな分野を細かく見つけます。ここで大事なのは「表面的なニーズ」ではなく、なぜそのニーズがあるのか、市場や顧客の裏に隠れている課題を浮き出させることができれば、「攻める市場」も見えてきます。

③クロス分析

このクロス分析で「積極戦略」を抽出します。

「使える独自の強み」×「ニッチ市場の具体的ニーズ・新たなニーズ」＝「独自の戦略」です。

続けて、新製品、新市場と持続性や売上構成比10％以上、付加価値額3％以上が可能なUSPを決めます。先発同業者との圧倒的な違いを製品面、ターゲット面、付加価値面、こだわり面で整理します。

（3）戦略を組み立てる

①数量・単価・年度別売上予測

「積極戦略」の中身から、数量、単価、売上予測を立てます。

②指針・審査基準の適用条件合致度検証

クロス分析で出てきた「独自の積極戦略」の中身が、果たして事業再構築補助金の指針や審査基準に合致しているか、途中段階でチェックします。

ここで不足箇所があったら、再度SWOT分析で、「根拠の見直し」を図ります。

③再SWOT分析

指針・審査基準の適合度チェックから、再度必要な製品機能、USP、市場への投入の仕方などを分析し直します。適合度チェックで問題なければ、次のマーケティング戦略にいきます。

④マーケティング戦略確認

どんな製品でもどんな市場でも、販売成果を上げるのはマーケティング次第です。

マーケティング戦略に工夫がなく単一対策しかないと、売上構成10％や3％以上の付加価値額が厳しくなります。

店舗でのセールスプロモーションだけでなく、ダイレクトマーケティング、Webマーケティング、動画マーケティングなどのインサイドセールスなども同時に検討します。

⑤具体策連動中期収支計画の作成

新製品や新市場の具体策を入れて、年度別に売上、粗利、販管費、営業利益、経常利益を出すのが「具体策連動の中期収支計画」です。

ここには、新規の設備投資や販促経費などの費用とその根拠などが説明付きで記載

されます。このフォームに記載することで、のちに作成する「事業再構築補助金・事業計画書」が非常に書きやすくなります。

⑥中期ロードマップ・アクションプランの作成

中期収支計画が作成されたら、実際の行動計画書を作成します。

ロードマップとは行動の工程表という意味です。実際に「新製品」「新市場」での「独自戦略」を実現するためには、行動プロセスと期限、担当者を明確にする必要があります。ここで明確にわかることは、5W2H で表現された具体的行動の詳細です。

Chapter III

「クロスSWOT分析」の
具体的な進め方

第3章では、クロスSWOT分析の実際の進め方を説明していきますが、下記に掲載した「進化型クロスSWOT分析フォーム」を見ながら、その全体像を把握していきましょう。

クロス SWOT 分析 検討用記入シート

会社名	
部門・チーム名	
メンバー名（姓）	
事業名・商材名	
主要課題	

	「強み」（S）…「機会」に使える固有の経営資源
顧客資産	● 今の顧客や特定顧客をどう活かせば、新たな可能性が開けるか ● 今の顧客に新たに提案できそうなジャンル
商材資産	● 今の商品・商圏・販売権を活用して、新たな販売先やチャネル開拓など ● 今の商品に追加することで、さらに広がる可能性
人材・技術資産	● 差別化に少しでも使えそうな従業員が持っている固有技術や技能（顧客が喜ぶなら趣味でも可） ● 他社と比較して、見方を変えればPRできそうな人材、組織
設備・機能資産	● 設備機器、不動産、動産などで使い方次第では有効なもの ● これまでは不良資産扱いでも、見方を変えれば有効利用できそうなもの
他社からコラボされる資産	● 上記の資産のうち、異業種や同業種から受託、提携、OEM、コラボ企画される可能性のあるもの

	「機会」（O）…今後求められるニッチ市場、費用を払ってでも求めてくる顧客のニーズ				組み合わせ番号（例：2-B）	**【積極戦略】**…自社の強みを活かして差別化し、で優位に立つ戦略
外部環境	No.	深掘りする質問	どんな顧客か（特性）	具体的にどんなニーズがあるか	なぜそういうのか、何が要因か（具体的に）		
	1	B.Cランク客の具体的なニーズ					● 参入する分野・取扱う新商材（仮称 ● 新分野でターゲットにする顧客特性 顧客層と具体的ニーズ ● 新分野での既存他社とは違うUSP、 ティング・広告、投資等
	2	顧客がわざわざ買いに来る理由					
	3	予期せぬ成功・新たな可能性					● おおよその単価と年間販売数量、 事業規模、概算売上
	4	既存客・新規見込み客がいら立っていること（困りごと）					● 参入する分野・取扱う新商材（仮称 ● 新分野でターゲットにする顧客特性 顧客層と具体的ニーズ ● 新分野の既存他社とは違うUSP、 ティング・広告、投資等
	5	そこまで要求しないから、もっと低価格のニーズ					
	6	おカネを払うから、もっとここまでしてほしいニーズ					● おおよその単価と年間販売数量、 事業規模、売上概算
	7	新しいビジネスモデルでの要望／新たな市場ニーズ					

	「脅威」（T）…すでに起こっている外部環境の悪化、これから起こる可能性の高い市場の変化と悪化予測		組み合わせ番号（例：2.4-BF）	**【差別化戦略】**…自社の強みを活かして
	No.	既存客・既存市場・攻めている市場・顧客	悪化・変化の具体的兆候	
	〈1〉			● 買収・提携などのポジティブ戦略（どこと、どのように）	どこと
					何を、どんなカタチで
					その具体的なメリットに
	〈2〉			● 撤退・売却などのネガティブ戦略（どこと、どのように）	どこと
	〈3〉				何をどんなカタチで
	〈4〉				その具体的なメリットに
	〈5〉				

	作成日	

内 部 要 因

業界やマーケットで同業者と比較して)	「強み」の価値転換・多角的活用		「弱み」(W) …「機会」をつかみにいけない具体的に不足している経営資源
A		a	
B		b	
C		c	
D		d	
E		e	
F		f	
G		g	
H		h	
I		i	
J		j	

さらに伸ばしていく対策。また積極的に投資や人材配置して、他社との競合

			組み合わせ番号(例：3-c)	【改善戦略】…「機会」をつかむために強化する具体的な経営資源と戦略	

〜やフォーカスする

〜営業方法、マーケ

	販売数量	平均単価	売上概算	必要投資・経費	必要人員数
初年度					
2年目					
3年目					

● 「弱み」さえなければ、強化したいターゲットと具体的なニーズ	
● 「機会」をつかみに行けない自社の致命的な「弱み」の原因	
● 何をどうやって「弱み」を克服するか	誰が・どの部門が
	何をどうやって

● おおよその数値目標または実行予定	年度	2021 年	2022 年	2023 年	2024 年

〜やフォーカスする

〜営業方法、マーケ

	販売数量	平均単価	売上概算	必要投資・経費	必要人員数
初年度					
2年目					
3年目					

● 「弱み」さえなければ、強化したいターゲットと具体的なニーズ	
● 「機会」をつかみに行けない自社の致命的な「弱み」の原因	
● 何をどうやって「弱み」を克服するか	誰が・どの部門が
	何をどうやって

おおよその数値目標または実行予定	年度	2021 年	2022 年	2023 年	2024 年

〜脅威をチャンスに変えるには何をどうすべきか

		組み合わせ番号(例：3.6-cd)	【致命傷回避・撤退縮小戦略】…自社の弱みが致命傷にならないようにするにはどうすべきか。またはこれ以上傷口を広げないために撤退縮小する対策は何か	

	● 撤退縮小すべき商材・事業分野	何を
		メリット
		リスク
		リスク回避と円滑撤退の具体策

	● 撤退縮小すべき顧客・チャネル・市場・事業分野	何を
		メリット
		リスク
		リスク回避と円滑撤退の具体策

1. 事業再構築で活用する SWOT 分析の手順　　49

1. 事業再構築で活用する SWOT 分析の手順

(1) SWOT 分析の手順

事業再構築・事業計画書の作成に際しての SWOT 分析は、

- 「強み」⇒「機会」⇒「脅威」⇒「弱み」の抽出
- 「積極戦略」⇒「致命傷回避・撤退縮小戦略」⇒「改善戦略」⇒「差別化戦略」

の順に分析を行います。

実際の SWOT 分析の現場では、コーディネーターはこの順番を企図して聞いていきますが、経営者や参加している役員幹部からはこの順序におかまいなしに、意見がどんどん発せられます。

例えば、「強み」を聞いているのに、「機会」や「脅威」、はたまた「弱み」を言ってきたり、「機会」を聞いているのに、「脅威」や「積極戦略」のアイデアを出してきたりします。

そんな時、SWOT 分析のコーディネーターであるコンサルタントや会計事務所職員は、「社長、今は "強み" を聞いているので、"機会" の話は後から教えてください」と意見を制止する人がいます。

これはダメなコーディネーターのすることです。順番通り杓子定規に進めると、せっかくのアイデアや意見がまた脳に封じ込められることになります。意見が円滑に出て、活発な議論が交わされる雰囲気を止めないことです。コーディネーター側が記入するフォームを臨機応変に変えればいいだけです。

(2) クロス SWOT 分析：最新フォームの有効性

私たちはこれまで件数にして500ぐらい（共著者合計）の SWOT 分析をしてきました。そして、その経験から得た効果的な手法を会計事務所の監査担当やコンサルタントに「SWOT 分析スキル検定」や「オンラインサロン」「ZOOM で SWOT 分析ロープレ」などで指導してきました。

しかし、経営者や経営幹部から欲しい情報を適切に聞き出し、それなりに納得のいく戦略や帰着点に持っていけるのは、まだまだ少数派です。

白いキャンバス（白紙のフォーム）を前にして、何をどう聞き、どう書けばよいの

Chapter I

Chapter II

Chapter III

Chapter IV

Chapter V

Chapter VI

Chapter VII

Chapter VIII

Chapter IX

Chapter X

かわからなくなり、途中で頭が真っ白になる人も少なくありません。

特にロープレをしていると、それが如実に出てきます。

「慣れてないから、上手に聞き出せないのは仕方ない」

「場数が足りないから、SWOT分析がうまくできないだけ」

と当初は割り切っていましたが、じつはどうもそうではないようです。

今回紹介する「最新SWOT分析フォーム」を使って、「ZOOMでSWOT分析ロープレ」を20数名の会計事務所職員やコンサルタントに試してみました。この最新フォームはすでに複数の経営者に試して、その有効性は実証済みです。

すると、複数の参加者から異口同音に、

「フォームに沿って聞き出せるので、楽になった。頭が真っ白にならずに、次に質問することがわかる」

「何を書けばよいか先に全体イメージがわかるので、ヒアリングの内容とイメージが湧くようになった」

と感想を言う人がいました。

さらに、ロープレで社長役を経験してもらった会計事務所担当者の数名からも

「何を聞かれているのかわかるので、答えやすかった」

「聞き手の質問の主旨が見えなくても、フォームのヒントを見ることで、先に自分で考えるようになった」

との意見がありました。社長役の立場からも、この最新フォームは有効だと感じたようです。

それでは、まずSWOT分析4つのカテゴリー「強み」「機会」「脅威」「弱み」を聞き出すポイントについて説明します。

2. 新規事業・多角化につながる「強み」「経営資源」及び「機会」の分析

（1）新規事業・多角化につながる「強み」の資産

　今回の事業再構築補助金では「強みやすでにある経営資源を活かした新規事業・多角化、業態転換」が条件になっています。国はそれに伴う費用を補助するということです。
　そこで、徹底した「強み分析」「経営資源分析」が必要になります。この「強み分析」が浅かったり、「良い点」ばかり書いても、その経営資源を多角的に使えるアイデアは生まれません。
　SWOT分析を解説するときに毎回強調するのは、
　「強み」 ≠ 「良い点」 だということです。
　「強み」は顧客の購買理由になったり、「機会」の可能性を広げるものですが、「良い点」はまさに良い点であり、購買理由や市場開拓に直結しないものです。
　長期的には、「良い点」はブランディング、モチベーション、評判などという効果はありますが、喫緊の課題には使えないことが多いものです。「性格がいい社員が多い」ことは良い点ですが、これをもって「機会」にぶつけてチャンスをものにしていくことには直結しません。
　だから、「強み」と「機会」を掛け合わせた「積極戦略」を構築していく場合、「良い点」でいくら議論してもなかなか前進しません。
　「強み」については、まず各企業が持っているいくつかの資産に目を向けます。
　具体的には次の5つの資産を細かく分析していきます。

- ●顧客資産
- ●商材資産
- ●人材・技術資産
- ●設備・機能資産
- ●特定の異業種がコラボしたくなる固有資産

---

①顧客資産
　顧客資産とは文字どおり、今の顧客のことですが、今までとは違う活用、価値転換によって、別のアイテム、新商品、新サービスで取引できないかを検討します。

Chapter
I

Chapter
II

Chapter
III

Chapter
IV

Chapter
V

Chapter
VI

Chapter
VII

Chapter
VIII

Chapter
IX

Chapter
X

②商材資産

現在の取扱商品、サービス内容、販売権、営業エリアだけでなく、現商材を活かした多角化商品の開発や、これまでとは違う販売チャネルの開発などの戦略を検討します。

③人材・技術資産

今いる社員の持っている技術や特技、ノウハウを活用し、新たな商品やサービスの開発によって事業の多角化ができないか、また企業がもともと持っている技術や技能、知識を活かした新たな商品開発や技術提供の手段を検討します。

④設備・機能資産

具体的な設備、不動産、組織の機能を活用してできることを検討します。これらの設備や機能を使って新たに何ができるかを見ます。

⑤特定の異業種がコラボしたくなる固有資産

自社の持っている経営資源を欲しがる異業種はどこか。そういう異業種と提携または合弁事業等で新たな事業開発の可能性はないか、などを精査し検討します。

さらに、それぞれの「強み」を価値転換したり多角的に活用しようとすれば、どんなことが可能なのかというところまで深めて考察します。そうすることで、資産活用によるさまざまな具体的なアイデアが抽出されてきます。

特に技術系企業は、「強み」自体が可能性の塊なので、ここを深掘りすることで「機会」が明確に見えてきます。

「強みはなんですか？」と質問すれば、それなりの返答が返ってきますが、多くの場合、それは「良い点」と混同したものが多く、「強み」の質問を絞り込むことで、「強み」分析を効率的に行うことができます。

次ページの表は、「強み」を記入するフォームです。

まず、「顧客資産」「商材資産」「人材・技術資産」「設備・機能資産」「他社がコラボしたくなる固有資産」を先のヒントに沿って聞き出し、具体的な表現で「強み」欄に記入します。

そして、それぞれの「強み」には他にどのような活用方法があるか、価値転換があるかについて議論してもらいます。

例えば、「顧客資産」で顧客リストがあるとします。それはどこまで管理されていて、他にどう活用できるか、オンライン通販を始めた場合、どのように使えるかなどです。

「強み」（S）…「機会」に使える固有の経営資源 （業界やマーケットで同業者と比較して）			強みの価値転換・ 多角的活用
顧客資産	●今の顧客や特定顧客をどう活かせば、新たな可能性が開けるか ●今の顧客に新たに提案できそうなジャンル	A	
		B	
商材資産	●今の商品・商圏・販売権を活用した新たな販売先やチャネル開拓など ●今の商品に追加することで、さらに広がる可能性	C	
		D	
人材・技術資産	●他社と比較して、PRできそうな人材、組織 ●差別化に使えそうな従業員が持っている固有技術や技能（顧客が喜ぶなら趣味でも可）	E	
		F	
設備・機能資産	●設備機器、不動産、動産などで使い方次第では有効なもの ●これまでは不良資産扱いでも、使い方次第では有効利用できそうなもの	G	
		H	
他社がコラボしたくなる固有資産	●上記資産のうち、同業種や異業種から受託、提携、OEM、コラボ企画される可能性のあるもの	I	
		J	

Chapter I

Chapter II

Chapter III

Chapter IV

Chapter V

Chapter VI

Chapter VII

Chapter VIII

Chapter IX

Chapter X

　次に、それぞれの「強み」を活用することでどんなシナジーが生まれるかを聞き出します。今回の事業再構築補助金では、「機会」分析が先ではなく、「強み」分析を先に行うほうが有効なので、この「強み」の多角的活用は時間をかけて、細分化して聞き出していきます。

(2)「強み」を多角的に聞き出す「30 の質問」

　上記の5つの資産を聞き出すとき、どうしてもヒントや「強み」の切り口が欲しい場合があります。その時は、下記の「30 の質問」を参考にするとよいでしょう。

「強み」を多角的に聞き出す「30 の質問」

	強みのヒント	こんな点が「強み」になる
1	「強み」につながるこだわり	その「こだわり」が評価されて、差別化になっており、収益に直結していること（収益に貢献しないこだわりは一人よがり）
2	「強み」につながるアフターサービス体制	リピートを決めるアフターサービスが口コミでブランド化され、紹介客が来るくらいなら大きな強み
3	「強み」につながる熟練度・専門知識力	ベテランが持っている技能や知識が、他社と比較してわかりやすい PR 力がある（わかりにくいのは強みになりにくい）
4	「強み」につながる設備力（顧客要望や収益を生むかどうか、生産設備、車両、建屋、その他設備）	今持っている有形資産が顧客（今の顧客以外も含む）の購買理由になれば強みである
5	「強み」につながる価格圧力への対応力（商品別のコスト対応力）	特定商品なら価格適応力があれば、それを武器に新規顧客開拓もできる
6	「強み」につながる迅速な体制・クイックレスポンス	ホームページやパンフに掲載できる「○時間以内対応」など顧客に約束ができれば強み
7	「強み」につながる短納期対応力	短納期はかなりの強みである。または小口受注対応、別注品も短納期ならば勝負できる
8	「強み」につながる物流体制・物流機能	物流体制の優劣は大きな差別化要因である。業者活用と自社便、物流センターの有無など
9	「強み」につながる意思決定のスピード・現場権限保持	本社集中権限だとスピード感に欠ける。現場担当者の権限が大きいと同業者より有利
10	「強み」につながる垂直統合の一貫体制	自社または自社グループ内で企画、設計、製造、物流、販売まで行い、ワンストップでスピーディなら強み
11	「強み」につながる水平展開	商品機能や技術が水平展開可能かどうか。また、他企業とネットワークを組んでアウトソーシングすることで、具体的な強みがあるかどうか

12	「強み」につながる新商品開発の情報収集、開発能力	新商品の開発につながる情報収集手段、開発能力、開発期間などがライバルより優位性があるかどうか
13	「強み」につながる商品バリエーション・品揃え	商品の品揃え自体は顧客にとってのメリットだが、多面的な販売チャネルがないと在庫負担になる（強みもあるが弱みも含む）
14	「強み」につながる差別化技術・差別化ノウハウ	ある特定部分の技術、ノウハウで差別化できていること。その差別化によって顧客が喜ぶこと
15	「強み」につながる顧客との関係の深さ、マーケティング力	マーケティングで他社より上手な点。Webマーケティングもリアルと同じくらい重要
16	「強み」につながる顧客が面倒くさがることへの対応、顧客の要望の具現化	顧客が喜んでも対価を払わない、自社がきつい思いをするだけなら、強みにはならない
17	「強み」につながる知的財産	知的コンテンツ、特許、商標登録、ロイヤリティ収入等
18	「強み」につながる地理的優位性	場所はいろいろな商売をするうえで重要。その立地が魅力的かどうかよく考える
19	「強み」につながる思い切った投資ができる資金力	設備投資、人材採用等コスト負担に対応できる資金力はかなり大きな強み
20	「強み」につながるブレーン、ネットワークの充実	どんな人を知っているか、どんな企業や研究機関（大学等）が支援してくれているか
21	「強み」につながる社内の技術的優位性	技術面で顧客開拓に直結できる優位性
22	「強み」につながるソフト力（ソリューション提案）の優位性	本商品の取引だけでなく、ソフトサービス面で強みは何か。そのソフトがハッキリと他社との差別化になっていなければ強みとは言えない
23	「強み」につながる取扱商品の販売権、独占権	その取扱商材が権利で守られているなら、商品力が強い間は強みになる
24	「強み」につながる顧客が喜ぶIT環境	受発注や在庫管理がIT活用でリアルタイムに反映され、顧客に対応可能なら強みと言える（それが差別化の条件の場合）
30	「強み」につながるIT（Web、SNS等）が活用できる体制	IT（Web、SNS）を使って顧客との情報共有が迅速化され、それが開拓したい企業の取引条件なら強み
26	「強み」につながる組織の多様性・多能性（フレキシブルに事業転換ができる組織）	専門的固定的な組織が顧客ニーズに応えられない場合、多能工が多いとかフレキシブルな組織は強み
27	「強み」につながる法規制・規制緩和などの行政面の保護、関係性	法律改正や行政からの方針、規制が自社をガードし、それが取引条件になっているなら強み
28	「強み」につながる顧客層・販売エリア	具体的な顧客カテゴリーがどこか、どんな特性の顧客に強いのか、どのエリアに強いのか
29	「強み」につながるサービス	自社が行っているいろいろなサービスで顧客が評価していること
30	その他「強み」につながると言えるもの	

Chapter I

Chapter II

Chapter III

Chapter IV

Chapter V

Chapter VI

Chapter VII

Chapter VIII

Chapter IX

Chapter X

　ただし、これらのヒントから出た「強み」が、「見込み客や顧客の直接の購買理由」につながるものかどうかを確認してください。

(3)「機会 (可能性)」を引き出しやすい「タラレバのヒント」と「7つの質問」

　「機会（可能性）分析」では、当該企業の業種や「強み」を見ながら、「機会」の質問を変えていきますが、この方法はかなりの熟練を要するのも事実です。

　「適切な質問」と「掘り下げ」がセットなので、入り口の「機会の質問」でピントがずれると、いくら掘り下げても思うような核心にはたどり着きません。

　コロナ禍でリアル研修ができない中、「ZOOM で SWOT 分析ロープレ」を何回も開催しましたが、SWOT 分析技術を高めるのは、「100 の理屈より、10 のロープレ、1つの実践」だからです。

　参加受講者の現実を見るにあたって、「機会質問を平準化しない限り、核心を突く SWOT 分析にはなりにくい」と考えるようになりました。

　私はこれまでも機会分析に使う「30 のタラレバヒント」など、たくさんの「ヒント集」を出版や検定、セミナーで公開してきました。しかし、それを使いこなすのは少数で、普通のコンサルタントや会計事務所は

> ● 御社のビジネスで、今後成長しそうな分野は何ですか？
> ● ニッチな市場でこれから可能性のある分野はどこですか？

と抽象的な質問を繰り返すことが多いのです。

　「30 のタラレバヒント」を一つずつ紐解けばよいのですが、それでは時間があまりにもかかり過ぎるという難点があります。

　参考までに以下に「30 のタラレバヒント」を記載しますが、質問時におおいに活用してください。

　すべて暗記する必要はありませんが、ポイントとなるものはいくつか覚えておくとよいでしょう。

機会の「タラレバのヒント」

	機会の「タラレバのヒント」	考え方
1	同業者や異業種を参考にして、高付加価値のニーズに対応した「高価格商品」を実現するには、どんな具体的な商材・サービスを開発すれば可能か	どんな高付加価値に顧客は関心を示すか。ブランド力がある企業の商品は、どんな理由で高くても買われているのか
2	現在の商材について、サービスや機能、容量、頻度、手間を大幅に減らし、どういう「低価格商材」を実現すれば、販売チャンスが広がるか	単に値下げすることは利益をなくす。あるファクターを削って低価格にしても顧客には何の問題もなく、購入してくれる商品はどんなものがあるか
3	LINE、Facebook、Twitter 等、SNS のさらなる普及をどう上手に利用すれば、販売増になるか	SNS に加えタブレット、スマホの普及など日々変化する IT 環境の影響によって、どんなことに、どんな商品をぶつければ、商機が訪れるか
4	顧客の品質面のニーズに応えるには、どういう具体的なサービスや機能、品質があれば可能か	顧客が求める安全性等の品質基準に自社が対応できるなら、そのことを強調してブランド化することで拡販ができないか
5	顧客の嗜好性に、どういう商材・どういうサービスを開発すれば、拡販が可能か	顧客の嗜好性の変化はどうか。どういう嗜好性のポイントを強調すればよいか
6	顧客の不便さの解消につながる商材やサービスは、どういう点を強調すれば販売増が可能か	顧客の不満解消のため、費用を出しても何とかしたいと思っている要素は何か。どこにフォーカスすれば訴求できるか
7	あえて「無料」「フリー化」を進めることで広がるビジネスは、どんなことが考えられるか	ある商品・サービスを無料、使い放題にした場合、どんなメリットが生まれ、どう売上増につながっていくか
8	自社の位置づけを「納入業者・仕入先」から、「外注先・アウトソーシング先」に変えた場合、どういう商材なら可能性があるか	原価関連の納入先か、経費関連の納入先か、既存の顧客に次元の異なる商材を提案していく
9	現在の市場（営業地域）だけでなく、営業地域外、海外などエリア拡大をすれば、どういうチャンスがあるか（販売面や調達面も含めて）	今までの拠点展開に加え、県外、ブロック外、国外にウェブサイト、コラボや提携等、小資本で展開可能な市場拡大はどうすれば可能か
10	ウェブサイトを活用して、通販、直販、顧客との直接のネットワークを構築すれば、どんなビジネスチャンスの拡大が可能か	「インターネットで売れない商品はない」と言われる中で、既存商品や新商品をウェブサイトで売るためには、どんな規格で、どんな手法で、どんなサイトで行えば可能か

Chapter I
Chapter II
Chapter III
Chapter IV
Chapter V
Chapter VI
Chapter VII
Chapter VIII
Chapter IX
Chapter X

	機会の「タラレバのヒント」	考え方
11	顧客との共同開発、OEM（相手先ブランドによる製造）等、顧客との相互取り組みによるチャンスはどういうことが可能か	こちらから提案するような顧客のPB（プライベートブランド）商品や、共同開発による双方のコスト削減、その後の自社ブランド商品への展開など
12	ネーミング・パッケージ・容量・流通ルートなどを変えることで、新規顧客の取り込みや既存客の購入増につながる可能性はないか	販売ターゲットを変えることで、既存商品の見た目、規格変更、流通ルートの変更はどんなことが可能か
13	既存商品の「周辺サービス」「周辺業務」「周辺商品」を受注しようとすれば、どういう商材が可能か	既存商品では競合との価格競争になるが、既存商品の周辺商品・サービスをパッケージ化すれば、同業者にも営業が可能ではないか
14	既存商品の「リペア・リサイクル・リフォーム」による低価格の付加価値商品を特定商材やサービスで実現することで、販売拡大が可能になるとすればどんなことか	財布の紐が固い時代、買い替え頻度が減り、商品を長く使いたいというニーズに応えて、3Rを商品パッケージにするにはどんなことが考えられるか
15	技術革新や輸入品等で新たな代用品や代替品を仕入れることができれば、どういうチャンスが広がるか	為替相場にもよるが、今の仕入商品や規格を変更して低価格や高品質、業界秩序外の販売が可能なものは何か
16	別ブランドとして、直販、通販、ネット販売等の直接販売で、どう具体的に展開すれば、新たなチャンスにつながるか	既存商品や今の会社名では直販が難しい場合、別ブランドによるネット通販とか、直販店などの新たな独自チャネルができないか
17	今の商材の使われ方を変えることで、新たな用途開発につながる価値転換があるとすればどういうことか	今の商品の売り方、今の使われ方以外の価値は何か。その場合、どんな開発が必要で、どんな流通ルートに乗せられるか
18	同業者や競合他社をライバルとしてではなく、顧客・ネットワークと考えた場合、どういうビジネスチャンスが考えられるか	自社の商品を同業者にも売れないか。また同業者とコラボや提携することで新たな可能性のある分野は何か
19	同業者の二番煎じでマネしたい戦略は何か。どうしてその戦略は有効だと思うか	「柳の下にドジョウは2匹まで」同業他社が圧倒的なシェアを持っているなら、同じやり方をしてみる
20	同業他社独占のオンリー客を攻めて顧客開拓をするとしたら、どういう武器をぶつければチャンスになるか	オンリー客は競合を求めている。オンリー客に対しては同業者もあぐらをかきがちで、攻めるポイントが必ずあるはず

	機会の「タラレバのヒント」	考え方
21	既存客からさらにビジネスチャンスをつかむ、アフターサービスや顧客管理・メンテナンスは、具体的にどういう強化を図れば売上増が見込めるか	どんな有料のアフターサービスなら顧客は納得するか。ライバルと差別化できるアフターサービスは何か。アフターサービスをブランド化するには何が必要か
22	今まで無償だったサービスの品質を上げて、どんな有償サービスを開発すれば顧客は費用がかかってもそのサービスを求めると思うか	サービスを有償化することで、顧客が費用を出しても求めるサービスがわかる
23	顧客がアウトソーシングしてでも手間を省きたい、または「どこかの業者がやってくれるなら丸投げしたい」と思っていることはどんなことか	顧客が面倒くさがっていること、顧客が困っている事象のうち、自社が少しの努力で対応できることは何か
24	仕入先や仕入商品を変更したり、切り替えることでどんな可能性があるか	既存の販売ルートや販売権を持った営業、系列のような付き合いが邪魔になって、新たな動きができないなら、仕入を変えることでできることは何か
25	今の商品を使って新しいビジネスや、今までとは全く異なる販売先ができるとしたら、どんなところか	今までの販売ルートだけでなく、違う流通ルートが勃興している場合や個人取引が今後増えるなら、どんな動きをすべきか
26	円安・円高で、輸出入品の価格変動があれば、どんな可能性が出てくるか	ここは為替相場に左右される分野。現在は円安傾向だが、今の経済状況で輸入コストが上がっているなら、代替商品を国内産にするなど
27	インフラ整備や、成長戦略、金融緩和から、どんな可能性が出てくるか	ここは政治に左右される分野。東京オリンピック後を見据えた動き、老朽化インフラ対策、規制緩和からできることなど
28	少子高齢化の進展で、自社にとってビジネスチャンスがあるとしたら、どういうものがあるか	自社に関連があるビジネスで、少子化で享受できる具体的なメリット、高齢化で生まれる新たなニーズは何か
29	海外展開などグローバルに考えた場合、ビジネスチャンスを広げるには、どんな可能性があるか	海外進出や海外から輸入などの可能性に、新たな機会があるなら該当する
30	その他、少しでも外部環境の変化から自社にメリットがある動きは何か	消費者意識、生活スタイル、温暖化、環境保護、新技術の動き、自由貿易協定等の関税の緩和等からどんな可能性が広がるか

Chapter I
Chapter II
Chapter III
Chapter IV
Chapter V
Chapter VI
Chapter VII
Chapter VIII
Chapter IX
Chapter X

しかし現実問題として、このヒントをすべて使いこなす必要はないし、該当しない場合もあることから、常に使いこなすのは難しいと判断しました。

そこで、1年前から私たちが活用している「汎用性の高い質問」を何人かの経営者に試したところ、「この機会質問ならアイデアが出やすい」という感想をいただきました。

経営者からアイデアが出やすいということは、事業再構築でのクロス SWOT 分析が進めやすいということです。

クロス SWOT 分析で具体的な「積極戦略」が出て、経営者や幹部も行動イメージが湧くなら、実行する確率が上がり、成果も出やすくなります。

前置きが長くなりましたが、どの企業にも使える**「超簡単7つの機会質問」**を以下に解説します。

質問1 「B. C ランク顧客のニーズ」

取引額の少ない顧客でも、価格や納期以外にいろいろなニーズがあることがあります。B ランク、C ランクの顧客に

● **なぜ当社から購入するのか**

● **もっと安くて、品揃えのいい大手やライバルがいるはずなのに、少額とはいえ、なぜ当社から買うのか**

このあたりの本音が「隠れた機会」になりそうです。

質問2 「わざわざ買いに来る理由」

一般的な B to B 取引では、業者が顧客のところへ商品を届けてくれます。しかし、配送ではなく直接買い付けに来る一見客や小口客がいます。わざわざ来店して買いに来る理由の中に「何かしらのニーズ」があるかもしれません。

質問3 「予期せぬ使い方、予期せぬニーズ」

供給者が想定した商品の使い方や期待ではなく、一部の顧客は角度の違う使い方、想定外の活用をしていることがあります。

その想定外こそ新商品のヒントです。そこに供給者が気づいてない「隠れたニーズ」があるからです。

質問4 「既存業者に対して顧客がいら立っている理由」

他社の供給者側論理や提供のあり方に対して、顧客が

● **実際に顧客がイライラしていること**

● **仕方ないとあきらめていること**

●本当は困っているが、どこも対応策を出してくれないから放置していること

これがわかれば、新商品、新サービスの開発や事業多角化のヒントになります。

質問５ 「そこまで要求しないから、もっと低価格を希望するニーズ」

本当に必要な機能だけを要求する顧客の声です。

もしかしたら、当たり前に提供していることが

●オーバースペックになっている

●「そんな機能・サービスはいらないから、もっと安くしてくれ」と思っている

かもしれません。その声こそ、開発のヒントです。

質問６ 「お金を払うから、もっとここまでしてほしいニーズ」

顧客側の人手不足や管理不全で、もし供給者側が「**顧客の負担軽減になるサービスの付加価値**」を提供するなら、顧客がお金を払うことは何かを考えます。

一部のある特定の顧客の声ですが、それがあるということは全国的にも少なからずニーズがありマーケットが存在していることを表しています。

質問７ 「新しいビジネスモデルでの要望、新たな市場ニーズ」

時代の流れや新たなトレンド、ニッチ市場のニーズなど、業界が進む方向もこれに入ります。

上記のように「機会」の７つの質問をします。進め方としては、次の手順のように行います。

●７つのうち１つずつ「深掘りする質問」を聞き出す（具体的でかつ有効な機会（可能性）の表現になるまで次の質問に進まない）

●その深掘り質問に対して、どの顧客が言ったかを聞き出す（ここではその一部の顧客の属性まで聞き出す）

●そして「何と言っていたか」（ここで具体的なニーズを聞き出す）

●さらに「そういう理由は何か」を聞き出す（顧客がニーズをいう背景こそ、機会の本質である）

7つの質問が入った「機会」分析のフォーム

No.	深掘りする質問	どんな顧客か（顧客特性）	どんなニーズか	それはなぜか、何が要因か（具体的に）
	「機会」（O）…これから求められるニッチ分野、費用を払ってでも要望されるクライアントのニーズ			
1	B.C ランク客の具体的なニーズ			
2	顧客がわざわざ買いに来る理由			
3	予期せぬ使い方・予期せぬニーズ			
4	既存客・新規見込み客が使う上でいら立っていること（困りごと）			
5	そこまで要求しないから、もっと低価格のニーズ			
6	お金を払うから、もっとここまでしてほしいニーズ			
7	新しいビジネスモデルでの要望 / 新たな市場ニーズ			

Chapter I
Chapter II
Chapter III
Chapter IV
Chapter V
Chapter VI
Chapter VII
Chapter VIII
Chapter IX
Chapter X

(4) 「脅威」分析のポイント

① 「脅威」分析の基本は、あまり時間をかけないこと

「脅威」分析とは、「どこどこが、何々のために、どれくらい悪くなるか、厳しくなるか」と具体的に議論することです。時代の流れ、商品ライフサイクルを見据えて、具体的に「何が、どう脅威なのか」を表現します。

ただし、「脅威」分析は、「機会」分析の前に、少しだけ時間を取る程度にするのがコツです。実際に何が脅威かは、SWOT分析検討参加者はわかっています。現実に厳しいことは「百も承知」なのです。そこに多くの時間を割いて、ネガティブ意見をどんどん積みあげても、「できない理由」の納得と自信をなくすだけです。

「致命傷回避・撤退縮小戦略」を考える際には、「どの分野の商品」「どの顧客」が、今後どう悪くなるのかをしっかり議論します。

② 「脅威」質問の具体例

「脅威」分析をする時、下記の質問をしなくても、「今の市場の変化で、当社にマイナスの要素となる外部環境を言ってください」と言うだけで、どんどん出てきます。しかも収拾がつかないくらいに。

だから、この「脅威」の出し方は、その内容の結果「致命傷回避・撤退縮小戦略」にどう影響するかを意識しながら、課題を出していく程度に抑えます。

「脅威」チェックポイント

分野		「脅威」のチェックポイント
市場・顧客	1	顧客からの「価格面」の圧力や低価格ニーズは、どういう点が脅威となるか
	2	顧客からの「品質面」の圧力や品質ニーズは、どういう点が脅威となるか
	3	顧客からの「サービス面」「スピード対応要求」の圧力やニーズは、どういう点が脅威となるか
	4	技術革新による代替品や低価格の輸入品等の供給による脅威は、具体的にどういうことが考えられるか
	5	社会的なニーズの変化や消費者意識の変化で、脅威になるとしたらどういうことか
	6	現在の主力取引先や主要顧客の購買力、購入頻度、購入単価はどうマイナスに作用すると思われるか
	7	クラウド、インターネット、SNS等、ITの普及・進展で、自社にどんなマイナスの影響として脅威になると思うか
	8	自社の営業地域・マーケットの人口動態やライフスタイルの変化で、脅威になるとしたらどういうことか

Chapter I
Chapter II
Chapter III
Chapter IV
Chapter V
Chapter VI
Chapter VII
Chapter VIII
Chapter IX
Chapter X

競合	9	今後どういう企業や業者が自社のマーケットへ新規参入してくると考えられるか。またその具体的な悪い影響はどういうものか	
	10	競合他社の動きで警戒すべき脅威になる動きは何か（近隣出店や自社分野への大手の参入等）	
供給先	11	仕入先・外注先の動向や要望で脅威になることは何か（値上げ、事業縮小・廃業、サービス縮減、品質問題等）	
	12	今まで取引のある仕入先や外注先は、今後どういう要求をしてきたり、自社に不利な条件を投げてくる可能性があるか	
	13	世界的な資源高（石油含む）の影響で、今後どういう脅威が業績に影響するか	
流通	14	元請や仲介先のニーズの変化や自社への圧力では、どういうことが脅威になるか	
	15	通販、ネット販売等の直接販売の動きでは、どういう展開が業績に具体的にマイナスに影響してくるか	
	16	既存事業の不動産における脅威は何が考えられるか（立ち退き、老朽化、賃料値上げ、近隣ライバル出現他）	
政治・法規制・緩和	17	法律の改正等で新たに規制が強化されそうな動きで、自社の業績に直結する脅威は何か	
	18	規制が緩和されそうな動きで、参入障壁が低くなったり、自由化されて、自社の経営に直結する脅威は何か	
	19	労働環境や労働行政の影響で、自社の業績に直結する脅威は何か（人件費コストや各種の規制）	
海外経済動向	20	金融行政の新たな動きや金融機関の今後の動きで、脅威になるとしたらどういうことか	
	21	中国、米国、EU、アジアなどの世界情勢の変化や影響で、自社に具体的な脅威になることは何か	
	22	国内経済の影響では、どういう状況になれば、自社に具体的な脅威が顕在化するか	

(5)「弱み」分析のポイント

①弱みの整理と注意点

よく誤解されていることがあります。それは、

● 「弱み」は「悪い点」「改善点」ではない　※「弱み」≠「悪い点」
● 「弱み」とは、「機会」「可能性」に使えない経営資源、つまり今後の事業展開でネックになっていること

ということです。

　また、「弱み」を聞き出す時、「できない理由」「やらない理由」の意見に流されてはいけません。大手企業や先進同業者と比較するのもご法度です。

　比較するのは、**「狙うニッチ市場」の競合先に対して、「弱み」がネックになる場合のみに限定**します。とにかく、マーケット分析に関連のない弱みは無視するつもりで進めます。

　そして「弱み」分析にあまり時間を割かないことも重要です。「弱み」を深く追究すれば、「できない理由」を正当化させてしまう恐れがあり、「弱み」分析ではなく「弱気拡散」になる危険性があります。

「弱み」チェックポイント

		チェック項目
内部要因【弱み】のポイント	1	競合他社と比較して、自社が明らかに負けている点（ヒト、モノ、カネ、技術、情報、効率、社内環境等）は何か
	2	顧客ニーズに対応していない点は何か。その結果、どういう現象が起こっているか
	3	顧客開拓、企画力での弱みは何か
	4	業績悪化要因につながっている弱みは何か
	5	商品力、開発力での弱みは何か
	6	サービス力での弱みは何か
	7	コスト力、価格力での弱みは何か
	8	人材基盤（社員の質、層、組織力）の弱みは何か
	9	設備力、資金力の弱みは何か
	10	顧客クレームで多い事項は何か
	11	明らかに弱みと思われる社内事情（風土、気質、モチベーション等）は何か

Chapter
I

Chapter
II

Chapter
III

Chapter
IV

Chapter
V

Chapter
VI

Chapter
VII

Chapter
VIII

Chapter
IX

Chapter
X

3. 新規事業・多角化 SWOT 分析の核心「積極戦略」フォームへの記載事項

(1)「積極戦略」のフォーム

「強み」×「機会」＝「積極戦略」です。

ここは従来、「強み」と「機会」を掛け合わせて自由に書く空白のフォームでした。

しかし、「掛け合わせるとは、何をどう書いていいかわからない」という声が少なくありませんでした。そこで、「こういう書き方をしてほしい」という具体的に細分化したフォームを再構成しました。

組み合わせ番号 (例：2-B)	【積極戦略】…自社の強みを活かして差別化し、さらに伸ばしていく対策。また積極的に投資や人材配置して、他社との競合で優位に立つ戦略						
○○○○戦略	●参入する分野・取扱う新商材（仮称）						
	●新分野でターゲットにする顧客特性やフォーカスする顧客層と具体的ニーズ						
	●新分野の既存他社とは違うUSP、営業方法、マーケティング・広告、投資等						
	●おおよその単価と年間販売数量、事業規模、売上概算		販売数量	平均単価	売上概算	必要投資・経費	必要人員数
		初年度					
		2年目					
		3年目					
△△△△戦略	●参入する分野・取扱う新商材（仮称）						
	●新分野でターゲットにする顧客特性やフォーカスする顧客層と具体的ニーズ						
	●新分野の既存他社とは違うUSP、営業方法、マーケティング・広告、投資等						
	●おおよその単価と年間販売数量、事業規模、売上概算		販売数量	平均単価	売上概算	必要投資・経費	必要人員数
		初年度					
		2年目					
		3年目					

(2)「積極戦略」フォームと記載事項

①「積極戦略」に使えそうな事項をピックアップ

「強み」「機会」を見ながら、「積極戦略」に活用できそうな箇所をマーキングします。

②アイデアや意見の絞り込み

「強み」「機会」ヒアリングの段階で、いくつかの新商材のアイデアに関する意見があったはずなので、そのうちの１つに絞る（複数ある場合は、別の「積極戦略」のフォームを追加する）

③新規参入する分野、取り扱う新商材を書き出す

参入する分野や取り扱う新商材を仮称でもいいので、聞き出しながら書き出す。ここでも曖昧な表現は避けます。

中小企業庁の「事業再構築補助金の概要」に例として記載されている「航空部品から医療機器分野へ」という表記ではなく、もっと具体的に明記します。そうしないとイメージが湧きません。

この分野名や商材名は後の議論で修正されてもかまいません。実際にUSPやマーケティング、顧客先を議論する中で変化することはよくあります。

④新分野でターゲットにする顧客特性やどのようにフォーカスするかを書き出す

ここのポイントは、新商材や多角化事業での顧客の属性を明確にすることです。ターゲットが広いと商品特性が絞れません。後発組が先発組のシェアを奪うことはなかなかハードルが高いものです。ランチェスター戦略風に言えば、「局地戦」「差別化」「一点集中」「一騎打ち」です。したがって、以下に絞り込みます。

● 特定の顧客層をターゲットにする
● 特定のターゲットの顧客が特に喜ぶものにする

万人受けを狙う「積極戦略」は中小企業ではムリと考えるべきでしょう。

⑤新分野でのターゲットの具体的なニーズを書き出す

フォーカスされたターゲット顧客のリアルニーズを「機会」の欄から引用します。

ここでもいろいろなニーズに対応しないことです。「この顧客層の、このニーズへの対応なら、日本一を狙える」というイメージです。

ここでも先発企業との差別化を意識して整理します。「先発企業の商品サービスと

Chapter I
Chapter II
Chapter III
Chapter IV
Chapter V
Chapter VI
Chapter VII
Chapter VIII
Chapter IX
Chapter X

はここが違う」ことを抽出できれば、大きな差別化になります。

⑥新分野において、他社とは違うUSPを明文化

ターゲット顧客、セグメントされた特定ニーズをベースに、「強み」や「強みの価値転換」から生まれたUSPを明文化します。次のような表現を意識します。

「○○の課題（固有の問題点）がある□□□□ユーザー・消費者（フォーカスされた客）に、すでにある△△△△の機能（強み）に◆◆◆◆のメソッド・差別化要素（これから投資する設備、サービス、付加価値）を使って、▲▲▲▲の効果・メリット（具体的な成果）を提供する」

---

⑦販売チャネルの絞り込み、販売促進の方法

ここでは、フォーカスされた顧客や新規客にどうアプローチするか、新規客リストをどう収集するか、販売チャネルや売り方についてその詳細を書きます。

例えば、インサイドセールスで行うか紹介か展示会方式か、またはダイレクトメール方式か等、新規事業・多角化の商品やサービスによっても異なります。

また売り方については、リアルかオンラインか、デモ、貸与、コラボなどのマーケティング対策も書き出します。

⑧販売促進に必要なツール、PR、広告投資

販売開始までに、実際にどんな準備をするのか、何が必要かを書き出します。

例えば、設備機器類購入、ホームページ、ランディングページ、パンフ、オンライン展示会、デモ機、プロモーション動画、YouTube登録、ネット広告、DMなど。

⑨おおよその単価と年間販売数、年間の事業規模

概算でもいいので、販売価格帯、売りたい数量、年間の売上規模、それに伴う投資や経費などを書き出します。売上規模のイメージが湧かない場合は、「社長、この事業で3年後、今の年商の○％ぐらいほしいですか？」と聞き出し、3年後の売上を単価で割って個数を出した後、「まず初年度はどのくらい売り上げたいですか？」と続けて質問します。

(3)「致命傷回避・撤退縮小戦略」フォームと記載事項

　「致命傷回避・撤退縮小戦略」では、既存の事業や商材、顧客の中で、撤退縮小したほうがよい分野が出てきます。そうしないと、「積極戦略」に経営資源を投入できないからです。具体的には以下の事項を書き出します。

- ●赤字商品や手間ばかりかかって利益がない商品、事業規模縮小に弊害になる商品など、撤退縮小する商品群・アイテム
- ●赤字顧客、手間ばかりかかって利益のない顧客、足を引っ張っている顧客、未来がない顧客など、撤退すべき顧客・チャネル・市場・事業分野
- ●撤退縮小すべき商材・事業の名称、撤退縮小するメリットとリスク
- ●「リスク回避と円滑な撤退のための具体策」では、撤退方法、撤退後の代替策

組み合わせ番号（例：3.6-cd）	【致命傷回避・撤退縮小戦略】…自社の弱みが致命傷にならないようにするにはどうすべきか。またはこれ以上傷口を広げないために撤退縮小する対策は何か		
	●撤退縮小すべき事業分野、商材	何を	
		メリット	
		リスク	
		リスク回避と円滑撤退のための具体策	
	●撤退縮小すべき顧客・チャネル・市場	何を	
		メリット	
		リスク	
		リスク回避と円滑撤退のための具体策	

(4)「改善戦略」フォームと記載事項

「改善戦略」は、「機会（可能性）」があるのに、自社の経営資源が乏しい状態です。時間をかけて内部課題の解決をする場合です。

- 「弱みさえなければ、強化したいターゲットと具体的なニーズ」は、ほぼ「積極戦略」のキーワードを転記する
- 「機会をつかみにいけない自社の致命的な弱みの原因」では、「弱み」の事実とその原因を書き出す。「人手不足」を上げる経営者が多いが、「概念的な人材不足」ではなく「物理的な不足」を書くと、中期計画での投資計画が具体的になる
- 「何をどうやって弱みを克服するか」では、フォームに沿って5W2Hで書き出す（雲をつかむような人材採用方法などではなく、具体的で実現可能なことを書く）

組み合わせ番号（例：3-c）	【改善戦略】…機会をつかむために強化する具体的な経営資源と戦略					
	●弱みさえなければ、強化したいターゲットと具体的なニーズ					
	●機会をつかみにいけない自社の致命的な弱みの原因					
	●何をどうやって弱みを克服するか	誰が・どの部門が				
		何をどうやって				
	おおよその数値目標または実行予定	年度	2021年	2022年	2023年	2024年
	●弱みさえなければ、強化したいターゲットと具体的なニーズ					
	●機会をつかみにいけない自社の致命的な弱みの原因					
	●何をどうやって弱みを克服するか	誰が・どの部門が				
		何をどうやって				
	おおよその数値目標または実行予定	年度	2021年	2022年	2023年	2024年

Chapter I
Chapter II
Chapter III
Chapter IV
Chapter V
Chapter VI
Chapter VII
Chapter VIII
Chapter IX
Chapter X

(5)「差別化戦略」フォームと記載事項

差別化戦略では、大きく分けて「ポジティブ戦略」と「ネガティブ戦略」に分類します。

ポジティブ戦略は、市場が厳しくても、そこで圧倒的な優位性を確保するために、規模拡大を図る「買収・提携戦略」を指します。

ネガティブ戦略では、市場の未来がないから、早い段階で撤退・売却戦略を行うことです。

双方の戦略とも、この戦略に該当する「脅威」と「自社の強み」から考え、具体的な企業名または業種を記載し、その戦略の進め方を記載します。ただし、一般的な中小零細企業ではあまりない戦略かもしれません。

組み合わせ番号 (例：2.4-BF)	【差別化戦略】…自社の強みを活かして、 脅威をチャンスに変えるには何をどうすべきか		
	●買収・提携などの ポジティブ戦略 （どこと、どのように）	どこと	
		何を、どんなカタチで	
		その具体的なメリットは	
	●撤退・売却などの ネガティブ戦略 （どこと、どのように）	どこと	
		何をどんなカタチで	
		その具体的なメリットは	

以上のように、各カテゴリーを総合して1枚のシートにしたのが、本章の冒頭に示した「進化版クロス SWOT 分析フォーム」です。

Chapter
I

Chapter
II

Chapter
III

Chapter
IV

Chapter
V

Chapter
VI

Chapter
VII

Chapter
VIII

Chapter
IX

Chapter
X

4. 事業再構築補助金にかかわる認定支援機関の責任

これまで述べてきたように、「進化版クロス SWOT 分析フォーム」を活用してヒアリングを進めれば、経営者が考える新規事業・多角化のイメージを引き出しやすくなります。

同時に、概算でも売上予定や必要費用を聞き出すことで、**収支計画の内容も「雲をつかむような話」**のようにはならないはずです。「強み」「経営資源」をかなり深掘りして作成しているので、具体的なイメージが湧くものになります。

事業再構築補助金の概要や指針から、**事業計画書に根拠のある戦略を求められること**は容易に想像できます。認定支援機関のサポートが大きく影響することは言うまでもありません。

> ● その事業構築案は、どこまで具体的かつ持続的な新規事業・多角化の内容で表現されているのか?
> ● 実際にどこまで本気で分析した新規事業・多角化のアイデアか?
> ● 新規事業・多角化のアイデアの行動プロセスがイメージできるのか?
> ● 補助金が出ても、実際に新規事業の展開が持続可能か?

等の疑問に対して、認定支援機関である会計事務所はどうサポートできるのでしょうか。

そのあたりの「判断基準」や「事業再構築案の論理的な背景」を持たない認定支援機関は、申請書や意見書は書けても、その後のモニタリングや判断責任においての対応が困難かもしれません。

いずれにしても、「論理的背景」まで一緒に検討しない限り、**事業再構築補助金も、その後の持続化も難しいことは確か**なようです。

また、この新規事業・多角化の SWOT 分析を行って、「強み」や「経営資源」と、経営者が取り組みたい「新規事業・多角化」に大きな隔たりがある場合、補助金の認可も厳しいし、持続的な収益も難しいでしょう。

そんな時は、認定支援機関として「保証ができない」ことを明確に伝え、むしろ**計画している新規事業・多角化の考えを諌める**ことも認定支援機関の役割と考えるべきでしょう。「事業再構築補助金ありき」で、気持ちばかり盛り上がっている経営者に水を差すことは難しいかもしれませんが、最新のクロス SWOT 分析を活用して、論理的に根拠を整理することで、経営者への説得力は高まると思います。

Chapter **IV**

実例で理解する
「クロス SWOT 分析」
の実務

1. クロスSWOT分析 ヒアリングと記述のコツ

（1）アイデアや戦略の抽出は深掘り質問ができるかどうか

前章でクロスSWOT分析での「強み」と「機会」のヒアリングで、どのように意見やアイデアを引き出すかのポイントを紹介しました。いちばんのポイントは、いろいろな事項を聞き出すのではなく、**一つの事項に食い下がる「深掘り質問」**を続けていくと、経営者や経営幹部から「事業再構築アイデア」が生まれてくるということです。

ところが、この深掘り質問が実際にはなかなかできません。特に**会計事務所の監査担当者は、ついつい自分の考えやアイデア、知識をベースに誘導**していく人が多いのです。これは、ある意味職業特性とでもいうべきで仕方がない面はあります。「聞かれたら教えることが仕事」だと思い込み、そういう経験を長くしてきたからかもしれません。

しかし、クロスSWOT分析では、「教える」のではなく、いかに相手の考え、発想を「聞き出す」ことが重要であるし、それを具体的な戦略や戦術、そして事業計画まで落とし込むことです。したがって、認定支援機関の担当者は、まずは「相手が答えやすいヒント」をどう出していくか、どう誘導していくか、に注力していくことが大切です。

（2）「強み」深掘りのコツ

前章で、「強み」の要素は5つあると紹介しました。

- **顧客資産**
- **商材資産**
- **人材・技術資産**
- **設備・機能資産**
- **特定の異業種がコラボしたくなる固有資産**

これらをバランスよく聞き出す、多くの事項を聞き出すということではありません。例えば、「顧客資産」だけを何回も深掘りすれば、「機会ニーズ」がある程度抽出されてきます。「強み」を深掘りするポイントは、経営者や幹部が話した一つひとつの「強み」に該当する事項に対して、5W2Hで表現できるように具体的にあぶり出すことです。

- Who、What、Why を聞き出す

Chapter I
Chapter II
Chapter III
Chapter IV
Chapter V
Chapter VI
Chapter VII
Chapter VIII
Chapter IX
Chapter X

- When、Where を聞き出す
- その Who や What が他にもないか、横に広げる（他の分野で展開する）としたら、どういう可能性があるかを聞き出す
- その Why から、今後の潜在的なニーズがどう具体的に出てきそうかを聞き出す
- How、How many（much）を聞き出す

など、「強み」はただ列挙するのではなく、一つひとつを細かく聞き出すことで、アイデアや意見の具体像がだんだん「見えてくる」のです。

(3)「機会」深掘りのコツ

「機会」についても、前章で「7つの機会質問」を紹介しました。

- B、C ランク客のニーズ
- わざわざ買いに来る理由
- 予期せぬ使い方、予期せぬニーズ
- 既存業者に対して顧客がいら立っている理由
- そこまで要求しないから、もっと低価格を希望するニーズ
- お金を払うから、もっとここまでしてほしいニーズ

　実際に、「機会」を聞き出すとき、これらのニーズだけでなく、コロナ禍で「新たに生まれた市場ニーズ」や「新たなビジネスモデルの可能性」も出てきているので、そういったことも追加しています。

- 新たに生まれた市場ニーズ
- 新たなビジネスモデルの可能性

　これらを聞き出すコツは、フォームにもあるように、それぞれの「機会」質問に対して「誰が言ったか」「何を言ったか」「なぜ言ったか」ということ聞き出すことです。
　もし、複数のメンバーでSWOT分析を行うなら、まず「B、C ランクのニーズ」「わざわざ買いに来る理由」を個人別に書き出していきます。そして、それらのことを発表してもらい、皆で議論し、どんな具体的なニーズや新規事業の可能性があるかを列挙していきます。仮に、上記「7つの機会質問」に該当しない場合は、気にせずスルーします。そして、相手が話していることが「B、C ランクの顧客の声」のつもりが、「い

ら立ち」や「低価格ニーズ」だったら、こちらがその欄に記入すればいいだけです。

　順番通り杓子定規に進めるのではなく、コーディネーターが臨機応変に対応することで、議論を止めずにどんどんアイデアや意見を出してもらいます。

(4)「積極戦略」を具体的に導くコツ

　「積極戦略」のフォームも前章で紹介しました。これは「強み」と「機会」の掛け合わせです。新しいフォームには何を記載するかまで指定しているので書きやすいと思います。経営者や幹部もこの「積極戦略」の目次を見ているので、「何をどう書けばよいか」のイメージも湧きます。具体的には、以下の事項を記載します。

- ●参入する分野・取扱う新商材（仮称を書く）
- ●新分野・多角化分野でターゲットにする顧客特性
- ●フォーカスされた顧客層と具体的ニーズ
- ●新分野・多角化分野において他社とは違う USP
- ●営業方法、マーケティング、販促、投資等

　この時、先述したようにどの分野で多角化しようとも、新戦略で業態転換しようとも、既存の業者、先発企業があります。そことの差別化がない限り、持続性もないし、最初からうまくいかないものです。そこで、「USP＝独自のウリ」をいかに具体化するかを深掘りします。USP もフォーカスされた顧客特性に直結するものでいいので、あまり大上段に考えないことです。この USP と特定顧客がマッチしたなら、あとはそれを横展開で販売拡大することを考えます。

　ここでネックになるのは、フォームに概算の金額や数量まで書かなければならないことです。㈱アールイー経営が毎月開催している「ZOOM で SWOT 分析ロープレ」受講者から複数あった質問に、「価格や数量を聞き出すとき、相手もわからない場合、どう導いていますか」というものがあります。

　これには下記のように、少しでも概算の根拠につながる質問をします。

- ●類似商品は大体いくらぐらいか
- ●これは付加価値があるから、類似商品の何％アップにするか
- ●生産キャパは月間どれくらいか
- ●今の顧客のうち、何％がこの新商品を使うかと思うか
- ●３年後にはどれくらい販売したいか（逆算して初年度を決める）
- ●社長が顧客なら、いくらぐらい払うか

---

2. クロス SWOT 分析の事例 ～酒造メーカー～

(1) 事業計画書作成までの経緯と進め方

　ここで、新しいクロス SWOT 分析フォームを使って、実際に事業計画書を作成したある酒造メーカーのケースを見ていきましょう。

　ピーク時売上 7 億円まであった会社ですが、近年じり貧傾向だった業績がコロナ禍の影響で一気に激減してしまいました。

　そこで、会社の生き残りをかけて、「多角化・新戦略を見出す」ためにクロスSWOT 分析を実施し、事業再構築補助金も想定して取り組みました。

　クロス SWOT 分析および中期収支計画、ロードマップ・アクションプランの素案作成まで延べ 15 時間を要しました。

　参加者は社長、専務、営業部長と、コンサルタント（私）の計 4 名です。

　ファシリテーションとフォームへの入力はコンサルタントが担当し、経営陣にはモニター入力する画面だけを見て、時に該当する資料を持ってきてもらい、一気に進めました。

　数値がわからないものは後日資料をもらい、そこに数値を入れて再シミュレーションしました。

　まずは「クロス SWOT 分析」です。

　次のページをご覧ください。

　これが実際に「クロス SWOT 分析」を行った結果の全体像です。ここでは個別の内容でなく、フォーム全体がどうなっているかを俯瞰して見てください。個別の 4 つの戦略については、それぞれについて図表を拡大して詳しく解説していきます。

　まずこの全体像を見れば、クロス SWOT 分析によって、

- 内部要因の「強み」「弱み」、外部環境の「機会」「脅威」が具体的に明らかになり
- これらの要素を掛け合わせると「積極戦略」「致命傷回避・撤退縮小戦略」「改善戦略」「差別化戦略」という 4 つの戦略が抽出され
- さらに具体的な戦術や概算数値まで明記されている

　ことがよくわかるでしょう。

事業再構築　クロス SWOT 分析検討用　記入シート

会社名	G 酒造　売上 5 億円　30 名　（ピーク時の 2017 年は 7 億円）		
部門・チーム名			
メンバー名（姓）	社長	専務	営業部長
該当事業・商材名	酒造		
主要課題	●コロナで居酒屋の時短による売上減 ●市場規模の縮小で、年々売上がダウン（そこにコロナショックが追い打ち）		

「強み」（S）…「機会」に使える固有の経営資□

顧客資産	●今の顧客や特定顧客をどう活かせば、新たな可能性が開けるか ●今の顧客に新たに提案できそうなジャンル
商材資産	●今の商品・商圏・販売権を活用して、新たな販売先やチャネル開拓など ●今の商品に追加することで、さらに広がる可能性
人材・技術資産	●差別化に少しでも使えそうな従業員が持っている固有技術や技能（顧客が喜ぶなら趣味でも可） ●他社と比較して、見方を変えれば PR できそうな人材、組織
設備・能力資産機	●設備機器、不動産、動産などで使い方次第では有効なもの ●これまでは不良資産扱いでも、見方を変えれば有効利用できそうなもの

外部環境

「機会」（O）…今後求められるニッチ市場、費用を払ってでも求めてくる顧客のニーズ

No.	深掘りする質問	どんな顧客か（特性）	具体的にどんなニーズがあるか	なぜそういうのか、何が要因か（具体的に）
1	B.C ランク客の具体的なニーズ	●地元ファンクラブ	●梅酒、ヨモギなどリキュール商品のニーズがある	●健康志向が焼酎にも広がっているから
2	予期せぬ成功・新たな可能性	●若い顧客層	●サワー系飲料の市場が伸びている	●ハイボール、レモンサワーなどの炭酸系のニーズが高いから
3	既存客・新規見込み客が使う上でいら立っていること（困りごと）			
4	そこまで要求しないから、もっと低価格のニーズ	●家庭用でたくさん飲む消費者	●家庭用大容量容器が地元では売れる ●低価格品は酒販店やスーパーよりもドラッグストアやディスカウントストアで売れる	●瓶や紙パックではなく、大型ペットボトルがドラッグなどで低価格で買われているから ●ドラッグストアやディスカウントストア市場はデフレで今後も成長する
5	おカネを払うから、もっとここまでしてほしいニーズ	●観光客や酒販店	●独自の製法や原料、味などプレミアム商品を作ってほしい	●高単価のほうが売れ行きがよく、他社と差別化できるから ●業界で有名な杜氏がいるのに、活かせてないから
6	新しいビジネスモデルでの要望	●同業者	●原料カスの廃棄処分に困っている	●廃棄費用の高騰と廃棄処理設備がないため

組み合わせ番号／【積極戦略】…自社の強みを活かして差別化し□

組み合わせ番号: 2-AB（炭酸サワー系焼酎の開発）

●参入する分野・取扱う新商材（仮称）
●新分野でターゲットにする顧客特性やフォーカスする顧客□
●新分野でのターゲットの具体的なニーズ
●新分野での既存他社とは違う USP
●営業方法、販売チャネルと売り方
●販売に必要なツール、PR、広告投資等
●おおよその単価と年間販売数量、事業規模、概算売□

組み合わせ番号: 6-G

●同業者から原料カスを「廃棄費用の半額」で当社が引き取る（同業者の廃棄コストを減らす）
●廃棄処理ボイラーで燃焼させる
●現在、廃棄物を業者に委託すると 3,500 ～ 4,000 円／t □るが、当社がその 70% で買取、自店で処理する（年間処理□能力が 5,000 t なので、売上 1,230 万円が見込める）

「脅威」（T）…すでに起こっている外部環境の悪化、これから起こる可能性の高い市場の変化と悪化予測

No.	既存客・既存市場・攻めている市場・顧客	悪化・変化の具体的兆候
〈1〉	大手販売店・消費者	●原料にこだわりがない消費者が増え、低価格品のシェアが高まっている
〈2〉	若者	●ここ十数年続いている若者の酒離れ、焼酎離れで市場が小さくなる
〈3〉	原料供給農家	●原料生産農家が年々減少し、いずれ原料のコストアップと数量確保の困難が予想される
〈4〉	大手チェーン	●PB はますます低価格の要求が出てくる。現在でも粗利がよくない商品があり、さらに粗利が低下する可能性がある
〈5〉		

組み合わせ番号／【差別化戦略】…自社の強みを活かし□

●買収・提携などのポジティブ戦略（どこと、どのように）	どこと
	何を、どんなカタチで
	その具体的なメリットは□
●撤退・売却などのネガティブ戦略（どこと、どのように）	どこと
	何をどんなカタチで
	その具体的なメリット□

IV　実例で理解する「クロス SWOT 分析」の実務

※ 82 〜 83 ページに拡大表示

| | | 作成日 | |

内 部 要 因

（業界やマーケットで同業者と比較して）	「強み」の価値転換・多角的活用		「弱み」（W）…「機会」をつかみにいけない具体的に不足している経営資源
● 商社経由で大手コンビニチェーンの PB 焼酎を作っており、量産ができる	● いろいろな流通大手の PB の企画提案ができ、求める生産数量にも対応できる ● 商社や大手チェーンとのつながりで、自社にはない設備や機械の外注先を即手配してもらえる	a	● 従来の酒販卸ルートでの販売が多く、直販顧客を持っていない
● 地元に「自社のファンクラブ」があり、定期的に試飲会をしている。地元メンバーリストが 1000 名を超える ● 地元では大手焼酎メーカーのシェアを抑えている	● ファンクラブ 1000 名は焼酎だけでなく、通販や直営店舗を作った時のベース顧客になる	b	● 直販ができるオンラインサイト作成の知識がなく、ファンクラブがあるのにネットショッピングができない
● 製造に使う地下水はミネラルを多く含んだ価値の高い水である	● ミネラルウォーターとして販売できる可能性がある	c	● プレミアム商品がないので直販できる魅力がない
	● SDGs や環境配慮型の焼酎メーカーとしてブランディングができる	d	● 低価格で売っているドラッグストアやディスカウントストアとの取引が弱い（他社に負けている）
● 伝統手法の「手作り仕込み」ができる杜氏がいる。業界からも一目置かれている	● 手作り焼酎のブランドに杜氏をアピールできる	e	● 自社の生産設備の関係で、利益率の悪い PB を維持したうえで、新商品のバリエーションを増やすことは無理
		f	
● 生産の過程で出る原料カスをバイオマスの原料や肥料に処理できる設備がある	● 他の中小焼酎メーカーが有料で廃棄している原料カスを有料で引き取り収集すれば、新たな収入源になる	g	
		h	

さらに伸ばしていく対策。また積極的に投資や人材配置して、他社との競合で優位に立つ戦略					組み合わせ番号	【改善戦略】…「機会」をつかむために強化する具体的な経営資源と戦略				
・炭酸系サワー焼酎の独自ブランドの開発販売						● 「弱み」さえなければ、強化したいターゲットと具体的なニーズ	・ドラッグストア、ディスカウントストア向け NB 焼酎の開発（低価格でも大量に売れる商品）			
・若者への認知度向上 ・地元のファンクラブへのプレミアム商品の販売 ・時短営業でも軽く飲める飲食店で販売						● 「機会」をつかみに行けない自社の致命的な「弱み」の原因	・PB 商品の生産量を確保するため、低価格 NB 商品の製造キャパを確保できなかった			
・焼酎の中でもサワー系は伸びており、簡単に飲めて、大手が作る缶ではない、瓶ボトル焼酎にニーズがある ・焼酎原料ができない時期、工場稼働率が悪い時期に主に製造する						● 何をどうやって「弱み」を克服するか	誰が・どの部門が	・営業部門がドラッグストア、ディスカウントストア開拓のため、特売品、スポット商品の企画を夏冬商談会に間に合わせる		
・若者、女性向けに可愛い瓶ボトル・ラベルで提供し、イギリスのパブを思い起こす瓶ボトルで直接飲みの形態					4-d		何を	・ディスカウントストア、ドラッグストア専用の NB 商品を開発（既存の〇〇のボトルとパッケージを変えるだけ）		
・Web で直販、SNS で認知度向上 ・クックパッドやデリッシュキッチンへ投稿し、料理と相性のよい軽いサワー系飲料として PR ・大手商社経由でコンビニチェーンへの販売							どうやって	・既存の問屋経由で、販促企画をバイヤーに提案する		
・炭酸封入設備がないので、大手商社経由で外注先に瓶詰めを委託 ・Web ページの制作、動画コンテンツの制作 ・SNS、地元ファンクラブを通じて PR ・女性芸能人を使って大々的な広告を展開。直販リストも収集し、個別の情報提供も行う							いつまでに	・2021 年度中に〇〇ドラッグ、〇〇スーパーへ納入できるよう企画営業する		
	販売数量	平均単価	売上概算	必要投資・経費	必要人員数	● ドラッグストア・ディスカウントストアの売上予定と開拓先	年度	2020 年	2021 年	2022 年	2023 年
初年度	4,000 円× 1250 ケース	330 円 / 本	500 万円	・Web 制作費 100 万円 ・広告費 100 万円 ・パッケージ開発費 50 万円 ・指導料 200 万円	既存人員のまま		売上		1,000 万円	3,000 万円	1 億円
2 年目	4,000 円× 7500 ケース	330 円 / 本	5,000 万円	・Web ページ更新メンテ＝ 50 万円	既存人員のまま		対象先		F ドラッグチェーン	S ディスカウントスーパー	大手問屋からの帳合
3 年目	4,000 円× 17500 ケース	330 円 / 本	7,000 万円	・広告費 100 万円 ・Web ページ更新メンテ＝ 50 万円	既存人員のまま						
初年度	1,000 t	2,400 円 /t	240 万円	・運搬用車両 1 台中古購入＝ 700 万円	既存人員のまま						
2 年目	2,000 t	2,400 円 /t	480 万円	・ボイラー設備改修＝ 500 万円	既存人員のまま						
3 年目	5,000 t	2,400 円 /t	1,200 万円	・焼却炉施設増設、建屋改築＝ 5,000 万円	既存人員のまま						

脅威をチャンスに変えるには何をどうすべきか	組み合わせ番号	【致命傷回避・撤退縮小戦略】…自社の弱みが致命傷にならないようにするにはどうすべきか。またはこれ以上傷口を広げないために撤退縮小する対策は何か		
	(4)-e	● 撤退縮小すべき事業分野・商材	何を	・利益がとれず、大手に振り回される PB 商品のうち、F 系一部商品の撤退
			メリット	・数量はあるが、利益率が悪いだけでなく販管費が相当かさむので、それが浮くだけで人員を他の業務や新しい業務に回せる
			リスク	・一部商品の撤退でも、F 系から他の商品の PB まで解約する可能性がある
			リスク回避と円滑撤退のための具体策	・F 系以外のドラッグストア、ディスカウントストアでの売上作りを早期に進める（F 系の縮小は 2021 年から始め、ドラッグストア、ディスカウントストアを 2022 年から納入できるよう営業） ・2021 年＝ 1000 万円 ・2022 年＝ 3,000 万円 ・2023 年＝ 1 億円 ・F 系の取引縮小 ・2021 年＝現状維持 ・2022 年＝ 10％ダウン ・2023 年＝さらに 10％ダウン
		● 撤退縮小すべき顧客・チャネル・市場	何を	
			メリット	
			リスク	
			リスク回避と円滑撤退のための具体策	

(2) 導き出された「2つの積極戦略」

　このケースでは、「炭酸サワー系焼酎の開発」と同業者からの「原料カス受託事業」の2つの「積極戦略」を抽出することができました。

クロス SWOT 分析　「積極戦略」

	No.	深掘りする質問	どんな顧客か（特性）	具体的にどんなニーズがあるか	なぜそういうのか、何が要因か（具体的に）
外部環境		「機会」（O）…今後求められるニッチ市場、費用を払ってでも求めてくる顧客のニーズ			
	1	B.C ランク客の具体的なニーズ	● 地元ファンクラブ	● 梅酒、ヨモギなどリキュール商品のニーズがある	● 健康志向が焼酎にも広がっているから
	2	予期せぬ成功・新たな可能性	● 若い顧客層	● サワー系飲料の市場が伸びている	● ハイボール、レモンサワーなどの炭酸系のニーズが高いから
	3	既存客・新規見込み客が使う上でいら立っていること（困りごと）			
	4	そこまで要求しないから、もっと低価格のニーズ	● 家庭用でたくさん飲む消費者	● 家庭用大容量容器が地元では売れる ● 低価格品は酒販店やスーパーよりも、ドラッグストアやディスカウントストアで売れる	● 瓶や紙パックではなく、大型ペットボトルがドラッグストアなどで低価格で買われているから ● ドラッグストアやディスカウントストア市場はデフレで今後も成長する
	5	おカネを払うから、もっとここまでしてほしいニーズ	● 観光客や酒販店	● 独自の製法や原料、味などプレミアム商品を作ってほしい	● 高単価のほうが売れ行きがよく、他社と差別化できるから ● 業界で有名な杜氏がいるのに、活かせてないから
	6	新しいビジネスモデルでの要望	● 同業者	● 原料カスの廃棄処分に困っている	● 廃棄費用の高騰と廃棄処理設備がないため

Chapter I
Chapter II
Chapter III
Chapter IV
Chapter V
Chapter VI
Chapter VII
Chapter VIII
Chapter IX
Chapter X

内部要因				
「強み」（S）…「機会」に使える固有の経営資源（業界やマーケットで同業者と比較して）				「強み」の価値転換・多角的活用
顧客資産	●今の顧客や特定顧客をどう活かせば、新たな可能性が開けるか ●今の顧客に新たに提案できそうなジャンル	A	●商社経由で大手コンビニチェーンのPB焼酎を作っており、量産ができる	●いろいろな流通大手のPBの企画提案ができ、求める生産数量にも対応できる ●商社や大手チェーンとのつながりで、自社にはない設備や機械の外注先を即手配してもらえる
		B	●地元に「自社のファンクラブ」があり、定期的に試飲会をしている。地元メンバーリストが1,000名を超える ●地元では大手焼酎メーカーのシェアを抑えている	●ファンクラブ1,000名は焼酎だけでなく、通販や直営店舗を作った時のベース顧客になる
商材資産	●今の商品・商圏・販売権を活用して、新たな販売先やチャネル開拓など ●今の商品に追加することで、さらに広がる可能性	C	●製造に使う地下水はミネラルを多く含んだ価値の高い水である	●ミネラルウォーターとして販売できる可能性がある
		D		●SDGsや環境配慮型の焼酎メーカーとしてブランディングができる
人材・資産・技術	●差別化に少しでも使えそうな従業員が持っている固有技術や技能（顧客が喜ぶなら趣味でも可） ●他社と比較して、見方を変えればPRできそうな人材、組織	E	●伝統手法の「手作り仕込み」ができる杜氏がいる。業界からも一目置かれている	●手作り焼酎のブランドに杜氏をアピールできる
		F		
設備・産・機能資	●設備機器、不動産、動産などで使い方次第では有効なもの ●これまでは不良資産扱いでも、見方を変えれば有効利用できそうなもの	G	●生産の過程で出る原料カスをバイオマスの原料や肥料に処理できる設備がある	●他の中小焼酎メーカーが有料で廃棄している原料カスを有料で引き取り収集すれば、新たな収益源になる
		H		

組み合わせ番号	【積極戦略】…自社の強みを活かして差別化し、さらに伸ばしていく対策。また積極的に投資や人材配置して、他社との競合で優位に立つ戦略						
2-AB	炭酸サワー系焼酎の開発	参入する分野・取扱う新商材（仮称）	●炭酸系サワー焼酎の独自ブランドの開発販売				
		新分野でターゲットにする顧客特性やフォーカスする顧客層	●若者への認知度向上 ●地元のファンクラブへのプレミアム商品の販売 ●時短営業でも軽く飲める飲食店で販売				
		新分野でのターゲットの具体的なニーズ	●焼酎の中でもサワー系は伸びており、簡単に飲めて、大手が作る缶ではない、瓶ボトル焼酎にニーズがある ●焼酎原料ができない時期、工場稼働率が悪い時期に主に製造する				
		新分野での既存他社とは違うUSP	●若者、女性向けに可愛い瓶ボトル・ラベルで提供し、イギリスのパブを思い起こす瓶ボトルで直接飲みの形態				
		営業方法、販売チャネルと売り方	●Webで直販、SNSで認知度向上 ●クックパッドやデリッシュキッチンへ投稿し、料理と相性のよい軽いサワー系飲料としてPR ●大手商社経由でコンビニチェーンへの販売				
		販売に必要なツール、PR、広告投資等	●炭酸封入設備がないので、大手商社経由で外注先に瓶詰めを委託 ●Webページの制作、動画コンテンツの制作 ●SNS、地元ファンクラブを通じてPR ●女性芸能人を使って大々的な広告を展開。直販リストを作成し、個別の情報提供も行う				

		販売数量	平均単価	売上概算	必要投資・経費	必要人員数
おおよその単価と年間販売数量、事業規模、概算売上	初年度	4,000円×1,250ケース	330円/本	500万円	・Web制作費100万円 ・広告費100万円 ・パッケージ開発費50万円 ・指導料200万円	既存人員
	2年目	4,000円×7,500ケース	330円/本	5000万円	・広告費100万円 ・Webページ更新メンテ＝50万円	既存人員
	3年目	4,000円×17,500ケース	330円/本	7,000万円	・広告費100万円 ・Webページ更新メンテ＝50万円	既存人員

6-G	●同業者から原料カスを「廃棄費用の半額」で当社が引き取る（同業者の廃棄コストを減らす） ●廃棄処理ボイラーで燃焼させる ●現在、廃棄物を業者に委託すると3,500〜4,000円/tするが、当社がその70%で買取、自社で処理する（年間処理能力が5,000tなので、売上1,230万円が見込める）	初年度	1,000t	2,400円/t	240万円	・運搬用車両1台中古購入＝700万円	既存人員
		2年目	2,000t	2,400円/t	480万円	・ボイラー設備改修＝500万円	既存人員
		3年目	5,000t	2,400円/t	1,200万円	・焼却炉施設増設、建屋改築＝5,000万円	既存人員

2. クロスSWOT分析の事例 〜酒造メーカー〜　83

■「炭酸サワー系焼酎の」開発

「強み」や「機会」のクロス分析で、「炭酸サワー系飲料」のニーズが高まっており、その「機会」に、自社の技術力や生産設備が活かせることから、同飲料の新製品を開発する戦略を立てました。

① 「強み」の分析

- 4つの質問から深掘りし、その「強み」が他にどのように多角的に活用できるかを何回も聞き返した
- 「強み」では、優秀な地下水のミネラルウォーターとして売りたいという意見もあったが、「後発企業として何が差別化できるか」議論した結果、無理と判断した

② 「機会」の分析

- 7つの質問から、「梅酒、ヨモギなどのリキュール商品」や「炭酸サワー系飲料」のニーズなど、最近聞かれた顧客の声を中心に可能性を整理。特に「なぜ、その顧客はそういうことを言うのか」を徹底して深掘りした

③ 「積極戦略」の構築

- 「機会」から、炭酸サワー系焼酎は若者や女性にニーズがあると判断したが、生産できる経営資源がなく、本来ならお蔵入りする事案だった
- 経営者の思いの強さと「強み」である大手商社取引から、どんなベンダーやアウトソーシング企業、設備業者も紹介できるという事実を元に戦略を再構築
- 後発の炭酸サワー系焼酎はどこに差別化のポイントを置くか議論する中で、「味では差別化できない」「見た目で差別化するしかない」と意見が合致した
- 瓶ボトルの封入機械が自社にはないが、そういうベンダーは大手商社が喜んで紹介してくれる（商社マージンが入るから）。そして、瓶ボトル封入設備の投資は補助金を活用することに決定
- 瓶ボトルにすることで、環境配慮を全面的にうたい、「環境意識の高い若者・女性」の購買意欲が高まるようなマーケティング戦略をとる

Chapter
I

Chapter
II

Chapter
III

Chapter
IV

Chapter
V

Chapter
VI

Chapter
VII

Chapter
VIII

Chapter
IX

Chapter
X

④「概算数値」の把握

> ● 販売数量については、瓶詰めだから若干ライバル商品より高めに設定
> ● 売上数量は後から行う収支計算を何回も繰り返しながら、3年後に1億円のビジネスにすることを念頭に計算

■原料カス受託事業

「強み」や「機会」の分析で、原料カスを同業他社から受託できる可能性があることを確信しました。これは、自社の処理能力を使い、同業他社が既存の廃棄処理費用より安くできれば、「店頭では戦っている同業者も裏では握手できる」という戦略です。

① 「強み」の分析

> ● 自社の処理能力は、他社の分も引き受けられる余力がある

② 「機会」の分析

> ● これがビジネスになると思ったのは、以前から同業者から「廃棄費用がどんどん嵩んでいる。お宅は自社設備があるからいいね」と、経営者自身から言われたことが何回もあった

③ 「積極戦略」の構築

> ● この事業を行うに際して、トン当たりの引き取り費用、回収車両の導入、ボイラー能力の向上、人件費などの概算が決められた
> ● もともとニュービジネス（廃棄ビジネス）を考えていたが、補助金が出るなら、真剣にトライしようと、クロスSWOT分析の結果によって腹をくくった

炭酸サワー系焼酎も原料カスの事業も、これから詳細な調査を行い、そこで最終的に再SWOT分析を行っていきますが、議論を深くとことん具体的にすることで、全体像が具体的に見えてくるし、戦略構築と事業計画もまとめやすくなります。

（3）改善戦略にからむ「致命傷回避・撤退縮小戦略」

　「致命傷回避・撤退縮小戦略」「改善戦略」では、大きな判断がなされました。
　それは、売上はあっても利益がほとんど出ない大手チェーンのPB商品ラインナップの縮小でした。本書では詳しい事情は書けませんが、このリスクは**「利益の出ない商品だけ減らそうとすると、他の商品まで減らされるのでは……」**という懸念でした。

クロスSWOT分析　「致命傷回避・撤退縮小戦略」

<table>
<tr><td rowspan="2" colspan="2"></td><td colspan="2">**「脅威」（T）**…すでに起こっている外部環境の悪化、これから起こる可能性の高い市場の変化と悪化予測</td></tr>
<tr><td>No.</td><td>既存客・既存市場・攻めている市場・顧客</td><td>悪化・変化の具体的兆候</td></tr>
<tr><td rowspan="5">外部環境</td><td>〈1〉</td><td>大手販売店・消費者</td><td>●原料にこだわりがない消費者が増え、低価格品のシェアが高まっている</td></tr>
<tr><td>〈2〉</td><td>若者</td><td>●ここ十数年続いている若者の酒離れ、焼酎離れで市場が小さくなる</td></tr>
<tr><td>〈3〉</td><td>原料供給農家</td><td>●原料生産農家が年々減少し、いずれ原料のコストアップと数量確保の困難が予想される</td></tr>
<tr><td>〈4〉</td><td>大手チェーン</td><td>● PBはますます低価格の要求が出てくる。現在でも粗利がよくない商品があり、さらに粗利が低下する可能性がある</td></tr>
<tr><td>〈5〉</td><td></td><td></td></tr>
</table>

Chapter
I

Chapter
II

Chapter
III

Chapter
IV

Chapter
V

Chapter
VI

Chapter
VII

Chapter
VIII

Chapter
IX

Chapter
X

内部要因			
「弱み」（W）…「機会」を取りに行けない具体的に不足している経営資源			
a	●従来の酒販卸ルートでの販売が多く、直販顧客を持っていない		
b	●直販ができるウェブサイト作成の知識がなく、ファンクラブがあるのにネット通販ができない		
c	●プレミアム商品がないので直販できる魅力がない		
d	●低価格で売っているドラッグストアやディスカウントストアとの取引が弱い（他社に敗けている）		
e	●自社の生産設備の関係で、利益率の悪いPBを維持したうえで、新商品のバリエーションを増やすことは無理		
f			
組み合わせ番号	【致命傷回避・撤退縮小戦略】…自社の弱みが致命傷にならないようにするにはどうすべきか。またはこれ以上傷口を広げないために撤退縮小する対策は何か		
⑷－e	撤退縮小すべき事業分野・商材	何を	●利益がとれず、大手に振り回されるPB商品のうち、F系一部商品の撤退
		メリット	●数量はあるが、利益率が悪いだけでなく販管費が相当高いので、それが浮くだけで人員を他の業務や新しい業務に回せる
		リスク	●一部商品の撤退でも、F系から他の商品のPBまで解約される可能性がある
		リスク回避と円滑撤退のための具体策	●F系以外のドラッグストア、ディスカウントストアでの売上作りを早期に進める(F系の縮小は2021年から始め、ドラッグストア、ディスカウントストアを2022年から納入できるよう営業) ・2021年＝1,000万円 ・2022年＝3,000万円 ・2023年＝1億円
			●F系の取引縮小 ・2021年＝現状維持 ・2022年＝10%ダウン ・2023年＝さらに10%ダウン
	撤退縮小すべき顧客・チャネル・市場	何を	
		メリット	
		リスク	
		リスク回避と円滑撤退のための具体策	

（4）新たな顧客拡大に舵を切った「改善戦略」の内容

そこで、「改善戦略」を考えます。

「改善戦略」は「致命傷回避・撤退縮小戦略」と連動して検討され、大手チェーンから切られても影響が最小限になるようドラッグストア・ディスカウントストア向け商材を増やし、売上を創ることを先行して実施することでした。

このあたりは、自社だけで勝手に決められない事情もあるので、先ほどの「炭酸サワー系焼酎の開発」「原料カス受託事業」と合わせて、販売チャネルの強化も図ります。

クロス SWOT 分析　「改善戦略」

	No.	深掘りする質問	どんな顧客か（特性）	具体的にどんなニーズがあるか	なぜそういうのか、何が要因か（具体的に）
			「機会」（O）…今後求められるニッチ市場、費用を払ってでも求めてくる顧客のニーズ		
外部環境	1	B.C ランク客の具体的なニーズ	●地元ファンクラブ	●梅酒、ヨモギなどリキュール商品のニーズがある	●健康志向が焼酎にも広がっているから
	2	予期せぬ成功・新たな可能性	●若い顧客層	●サワー系飲料の市場が伸びている	●ハイボール、レモンサワーなどの炭酸系のニーズが高いから
	3	既存客・新規見込み客が使う上でいら立っていること（困りごと）			
	4	そこまで要求しないから、もっと低価格のニーズ	●家庭用でたくさん飲む消費者	●家庭用大容量容器が地元では売れる ●低価格品は酒販店やスーパーよりもドラッグストアやディスカウントストアで売れる	●瓶や紙パックではなく、大型ペットボトルがドラッグなどで低価格で買われているから ●ドラッグストアやディスカウントストア市場はデフレで今後も成長する
	5	おカネを払うから、もっとここまでしてほしいニーズ	●観光客や酒販店	●独自の製法や原料、味などプレミアム商品を作ってほしい	●高単価のほうが売れ行きがよく、他社と差別化できから ●業界で有名な杜氏がいるのに、活かせてないから
	6	新しいビジネスモデルでの要望	●同業者	●原料カスの廃棄処分に困っている	●廃棄費用の高騰と廃棄処理設備がないため

Chapter

I

Chapter

II

Chapter

III

Chapter

IV

Chapter

V

Chapter

VI

Chapter

VII

Chapter

VIII

Chapter

IX

Chapter

X

内部要因					
「弱み」（W）…「機会」をつかみにいけない具体的に不足している経営資源					
a	● 従来の酒販卸ルートでの販売が多く、直販顧客を持っていない				
b	● 直販ができるオンラインサイト作成の知識がなく、ファンクラブがあるのにネットショッピングができない				
c	● プレミアム商品がないので直販できる魅力がない				
d	● 低価格で売っているドラッグストアやディスカウントストアとの取引が弱い（他社に敗けている）				
e	● 自社の生産設備の関係で、利益率の悪い PB を維持したうえで、新商品のバリエーションを増やすことは無理				
f					
g					
h					
組み合わせ番号	**【改善戦略】…「機会」をつかむために強化する具体的な経営資源と戦略**				
4-d	「弱み」さえなければ、強化したいターゲットと具体的なニーズ		● ドラッグストア、ディスカウントストア向け NB 焼酎の開発（低価格でも大量に売れる商品）			
	「機会」をつかみに行けない自社の致命的な「弱み」の原因		● PB 商品の生産量を確保するため、低価格 NB 商品の製造キャパを確保できなかった			
	何をどうやって「弱み」を克服するか	誰が・どの部門が	● 営業部門がドラッグストア、ディスカウントストア開拓のため、特売品、スポット商品の企画を夏冬商談会に間に合わせる			
		何を	● ドラッグストア、ディスカウントストア専用の NB 商品を開発（既存の○○のボトルとパッケージを変えるだけ）			
		どうやって	● 既存の問屋経由で、販促企画をバイヤーに提案する			
		いつまでに	● 2021 年度中に○○ドラッグ、○○スーパーへ納入できるよう企画営業する			
	● ドラッグストア・ディスカウントストアの売上予定と開拓先	年度	2020 年	2021 年	2022 年	2023 年
		売上		1,000 万円	3,000 万円	1 億円
		対象先		F ドラッグチェーン	S ディスカウントスーパー	大手問屋からの帳合

3. 新戦略における指針への適合性を検証

　このように「強み」「機会」の状況にあった対策を引き出すことができることから、事業再構築補助金でもクロス SWOT 分析が有益と判断されているのでしょう。ただし、ここまで深入りしないと SWOT 分析の効果はありません。表面的な内容では評価されないでしょう。

　この酒造メーカーのケースは企業を特定されないよう一部修正を加えていますが、考え方や進め方はリアルなものです。

分野		チェック項目	該当	戦略1【炭酸サワー系焼酎の開発】
新分野展開（強み・経営資源を使って新たな挑戦）	製品等の新規性要件	①過去に自社において製造等した実績がないこと	☐	ハイボール、レモンサワーなどの炭酸系のニーズが高い 焼酎専門メーカーとして、過去に開発経験のない新製品
		②製造等に用いる主要な設備を変更すること	☐	瓶ボトル詰めラインを新規に増設
		③競合他社の多くがすでに製造している製品等ではないこと	☐	缶サワーはあるが、若手・女性向けの可愛い瓶ボトルのサワー系焼酎は見ない
		④定量的に性能または効能が異なること	☐	従来からサワー系飲料は成長中（レモン缶酎ハイ 2014 年⇒2017 年　135％成長） 従来の缶サワーとは異なる可愛い系瓶ボトルサワー市場は、従来とは比較できない
		⑤「既存の製品の製造量等を増やす場合」ではないこと	☐	全くの新商品であり要件を満たす
		⑥「既存の製品に容易な改変を加えた新製品等を製造する場合」ではないこと	☐	全くの新商品であり要件を満たす
		⑦「既存の製品を単に組み合わせて新製品等を製造する場合」ではないこと	☐	全くの新商品であり要件を満たす
	市場の新規性要件（既存商品を新市場に）	①既存製品等と新製品等の代替性が低いこと（新製品等を販売した際に、既存製品等の需要の多くが代替されることなく、売上が販売前と比べて大きく減少しないこと）	☐	既存商品とは全く異なることから、既存商品とは別の売上が追加できるので要件を満たす
		②「既存の製品等の市場の一部のみを対象とするものである場合」ではないこと	☐	新たな市場、顧客ターゲットであり、要件を満たす
		③既存製品等と新製品等の顧客層が異なること（任意要件）	☐	新たな市場、顧客ターゲットであり、要件を満たす
	10％要件	①3〜5年間の事業計画期間終了後、新たな製品等の売上高が総売上高の10％以上となる計画を策定すること	☐	3年後には売上比率で13％、5年後には売上比率15％まで持っていくので要件を満たす
	付加価値額要件	①補助事業終了後、3〜5年間で付加価値額が年率平均3.0％以上増加	☐	補助事業終了後3〜5年間で付加価値額が年率平均3.0％以上伸びている（第6章116ページ参照）

Chapter I
Chapter II
Chapter III
Chapter IV
Chapter V
Chapter VI
Chapter VII
Chapter VIII
Chapter IX
Chapter X

(1) 新分野展開の条件の適合性をチェック

このケースのクロスSWOT分析で導き出された新戦略が、事業再構築の指針に記載されている「製品の新規性」「市場の新規性」等を打ち出すことができたかどうか、検証してみましょう。その新規事業戦略として、一つは「炭酸サワー系焼酎の開発」、もう一つは「原料カス受託事業」を立案しました。それぞれ「新分野展開」の適用条件に合致しているかを確認します。

まず、「新分野展開の条件の適合性チェック」を下記の表で見てみます。

※第1章で紹介した4つの事業類型や、事業再構築の5つの種別、それぞれに条件や要件が記載されていますが、下記の表はこれらを総合した形でまとめています。

分野		チェック項目	該当	戦略2【原料カス受託事業】
新分野展開（強み・経営資源を使って新たな挑戦）	製品等の新規性要件	①過去に自社において製造等した実績がないこと	☐	自社分の処理だけの生産処理であり、これまで他社からの引き取り実績はない
		②製造等に用いる主要な設備を変更すること	☐	現状ではボイラー機能が弱く、受託を行うには、増強が必要で要件を満たす
		③競合他社の多くがすでに製造している製品等ではないこと	☐	原料カスを処理する施設は200社中40社と20%程度の同業者しか持っておらず、またそのほとんどが自社の原料処理ボイラーであり、協同会社が3社県内にはあるだけで、該当しない
		④定量的に性能または効能が異なること	☐	既存の廃棄物処理ボイラーと比べ、燃焼力、1回の処理量、時間が平均15%向上する
		⑤「既存の製品の製造量等を増やす場合」ではないこと	☐	既存商品とは全く異なる分野なので要件を満たす
		⑥「既存の製品に容易な改変を加えた新製品等を製造する場合」ではないこと	☐	既存商品とは全く異なる分野なので要件を満たす
		⑦「既存の製品を単に組み合わせて新製品等を製造する場合」ではないこと	☐	既存商品とは全く異なる分野なので要件を満たす
	市場の新規性要件（既存商品を新市場に）	①既存製品等と新製品等の代替性が低いこと（新製品等を販売した際に、既存製品等の需要の多くが代替されることなく、売上が販売前と比べて大きく減少しないこと）	☐	扱うサービス・顧客層が違うため、既存の焼酎売上高への影響はない
		②「既存の製品等の市場の一部のみを対象とするものである場合」ではないこと	☐	既存の顧客層は飲料メーカー、飲食店等であるが、新サービスは同業者であり、ターゲット層が違う
		③既存製品等と新製品等の顧客層が異なること（任意要件）	☐	既存の顧客層は飲料メーカー、飲食店等であるが、新サービスは同業者であり、ターゲット層が違う
	10%要件	①3～5年間の事業計画期間終了後、新たな製品等の売上高が総売上高の10%以上となる計画を策定すること	☐	3年後の売上規模は1,200万円、5年後設備増強で3,000万円を目指す。売上比率は5%で要件を満たさない
	付加価値額要件	①補助事業終了後、3～5年間で付加価値額が年率平均3.0%以上増加	☐	

(2) 事業再構築指針の適用要件を判断する

　チェック項目の欄には、事業再構築補助金の指針にある事項や条件などを記入し、2つの戦略の条件適合度を見ます。

　1つめの「炭酸サワー系焼酎の開発」では、ほぼ適用要件を満たすことができると判断しました。

　じつは、当初、瓶詰め生産ラインは自社では行わず、外注工場で行うことを想定していましたが、それでは新規の設備投資要件に合致しません。その部分が補助金でカバーできるなら、設備投資をしようと意思決定しました。

　2つめの「原料カス受託事業」は、新分野としての事業再構築に十分適用できるビジネスだと考えられます。しかし、どうシミュレーションしても、売上比率が10％になるほどの事業規模にはならないため、今回の補助金申請では保留することにしました。

　もちろん、事業再構築補助金の対象にならないからといって新規事業を実施しないのではなく、補助金の有無にかかわらず、クロスSWOT分析で導き出された有望な戦略や具体策は大いに実施すべきでしょう。

　実際に本件のケースでも、2つの新規事業に着手し、その1つ（炭酸サワー系焼酎の開発）については事業再構築補助金を申請し、もう1つの原料カス受託事業は補助金をあてにせず自前の資金で着手しました。

Chapter V

クロスSWOT分析の
結果によっては新規事業と
補助金申請を保留に

1. 新規事業の落とし穴

　昔の金融機関は「**貸すも親切、貸さぬも親切**」と言ったそうです。

　必要な投資に対して、リターンの可能性が十分ある資金を貸すのは当たり前ですが、無謀な投資、持続性なき事業、回収見込みのない融資に対して、金融機関としての冷静な判断から、「貸さない」という選択もあるということです。

　今話題の事業再構築補助金もまさにそういう状態かもしれません。事業規模1兆1,500億円というビッグな補助金であり、コロナショックで将来が厳しい企業にとっては、福音に聞こえるものです。

　しかし、ここは冷静に考えたいところです。

　ある経営者から、最近こんなことを聞きました。

　「**あの事業再構築補助金って、経費の補填ができるから投資リスクが低いって思っているようだけど、結局新事業はその後の経費が大きいし、ダメな場合、本業がさらに悪くなる。補助金を目当てに始めた新規事業が失敗して、経営破綻する中小企業って、多いんじゃないですか**」

　まさにそのとおりだと思います。

　今、いちばん怖いのは「補助金ありき」で、経営者も認定支援機関である会計事務所も動いていることです。

（1）新規事業はランニングコストがかさみ、負担になる

　実際に新規事業に着手してや多角化を進めると、初期投資額よりランニングコストが大きくなり、それが原因で経営を圧迫しているケースがあります。

　新規事業での初期投資は、借入金や事業再生補助金、持ち合わせの現金で計画を立てます。また、ある程度初期費用は読めるし、融資を受けるなら大体の返済予定も計算しています。そして、予定どおり収益が上がれば御の字という筋書きでしょう。

　しかし、計画したとおりに行かないのが新規事業です。予期せぬランニングコストがかさみ、それが本業の利益を蝕み、経営の歯車が狂うことも少なくないのです。また、計画どおりではないけれど、**少しでも可能性が出てきたら、投資や固定経費を止めることはなかなか難しい**ものです。「もう少し……ならば……」と期待するのが人情というものでしょう。

　「これまで3,000万円もつぎ込んできたのに、ここで撤退したら、これまでの費用が水の泡だ」

Chapter I

Chapter II

Chapter III

Chapter IV

Chapter V

Chapter VI

Chapter VII

Chapter VIII

Chapter IX

Chapter X

こうして泥沼投資を続けるわけです。

しかし、多くの場合、その結末は次のようになったりします。

「新規事業投資は 3,000 万円で終わらせておけばよかった。ここまでダメな事業に 1 億円も使うなんて……」

株の世界では「もうはまだ」「まだはもう」という言葉あるようですが、新規事業・多角化も同じです。

もちろん、ずっと我慢して新規事業投資を続けて、10 年後に利益が出だしたという例も少なくありません。

私（嶋田）が顧問をしているある製造業では、新規事業が 10 年間収益を生みませんでしたが、11 年目から収益が出てきました。

「本業の長期的な不振を考慮し、新規事業に投資をしたのが 15 年前。会社の資金を蝕みながらも、金融機関から予定どおりに行っていないことへの嫌味を言われながらも、その事業を続けた結果、5 年前から本業をカバーできるほどの利益を出している」

このように『下町ロケット』でのストーリーを地で行った企業もあります（下町ロケットでは、業績悪化の中でロケット関連技術の開発を続けて開発費がかさみ、銀行はそれを止めれば融資するという姿勢だった。しかし社長は、その技術は会社の根幹だから止めないということで金融機関の態度が厳しくなった。結果的に他の出来事で財務改善し、今度は銀行が頭を下げてくるという、まさにドラマのストーリー）。

(2) 後発は簡単に勝てない

新規事業や多角化で参入する分野には、当然その分野には先発企業があり、日々しのぎを削っています。そして、長い期間の経験でノウハウも人脈もため込んでいるはずです。

そこに「新規事業」「多角化」「業態転換」として、後発組として新規参入するのです。本当に特別な差別化ノウハウ、特定顧客限定のニッチ市場などで「優位な理由」がなくて成功することはなかなか難しいでしょう。

中小企業白書 2017 年版によれば、**中小企業での新規事業成功確率は 30％弱**。うまく行くのは 3 分の 1 もないのです。何をもって成功というのか、その基準はわかりませんが、感覚としては、実態はもっとひどいのではと思います。

事業再生構築補助金で、初期コスト経費が 3 分の 2 補助されたとしても、成功しない可能性のほうが高いと見たほうがいいでしょう。だからこそ、戦略構築・事業計画がしっかりしていなければならないのです。

(3) 成功の可否を決める「使える強み」と「経営者の持続力」

結局、新規事業成功の可否のポイントは、今ある経営資源や新規事業に活かせる「強み」があり、しっかりした事業計画とともに、経営者の「やる気」と「持続力」があるかどうかです。

- ●経営者自らが責任者になって本気でやりたい
- ●やり続ける自信はあるか
- ●補助金がなくても、もともとやりたかったことか
- ●その新規事業は、後発でも戦える具体的な根拠はあるのか

これらのことを自問自答して、それでもやりたいなら、支援するのがコンサルタントや会計事務所です。

そこで、事業計画策定前の最初の段階で、経営者にその真意を確認、念を押す必要もあります。重要なのは、経営者や認定支援機関が、**安易に「補助金ありき」で話を進めてはいけない**ということです。

(4) 社長がしたい新規事業は疑ってかかれ

私たちはSWOT分析という戦略立案ツールを使って、いろいろな角度から新規事業の可能性を見出すお手伝いをしていますが、基本的に「新規事業は簡単ではない」という姿勢で質問や分析を進めています。

その証拠に、「強み」を商品化する際に、こんな質問を必ず投げかけます。

- ●その強みって、御社しかないのですか？
- ●競合しそうな他社に対してその強みが活かせないのはなぜですか？
- ●なぜ、今までそんな可能性があるニッチ市場に、同業他社は取り組まなかったんでしょうか？
- ●他社が手を出さないのには、何か理由があるんじゃないですか？

このように、**経営者のやる気をそぐような質問**もします。後発組でも勝てる理由が見つからないのに、闇雲の新規事業を進めさせないためです。つまるところ、「社長がしたい新規事業はまず疑ってかかれ」ということです。

Chapter I

Chapter II

Chapter III

Chapter IV

Chapter V

Chapter VI

Chapter VII

Chapter VIII

Chapter IX

Chapter X

（5）新規事業のSWOT分析で断念したケースも多い

　私たちは、新規事業に特化したSWOT分析を相当数行ってきました。

　その中で、**SWOT分析の結果、新規事業への参入を断念してもらったこともしば**しばあります。それは、「勝てる理屈がそろわない」からです。それでも、それを乗り越える「経営者のやる気と本気」があれば、コーディネート役としてはそれ以上は諫められませんが。

　新規事業・多角化SWOT分析を通じて、

- ●理屈の合わない新規事業・多角化
- ●思い込みと理想だけで燃え上がる新規事業・多角化
- ●すぐにレッドオーシャンが見える新規事業・多角化
- ●あえて自社がする必要がない新規事業・多角化

をあぶり出し、ムリだと判断した場合、それを諫めるためにもこのSWOT分析は必要なツールなのです。

　今回の事業再構築補助金を申請しようとしてSWOT分析をしたとき、分析の途中で、「この新分野は補助金の適用要件を満たさない」と判断し、申請を保留している案件もあります。

　補助金を使わないのなら、何も問題ない多角化事業ですが、事業再構築補助金の定義に合わせようとすると、ムリが生じたわけです。

　それでは、広告代理店と住宅会社、事業再構築補助金を断念した2社の具体的なケースを見ていきましょう。

2. 採択されない可能性が高い2つの事例

【小規模広告代理店】
事業再構築　クロスSWOT分析検討用　記入シート

会社名	○○広告代理店（社員6名　年商3億円）		
部門・チーム名			
メンバー名（姓）	社長	会計事務所	
事業名・商材名	広告全般		
主要課題	●コロナで広告縮小に伴い、新たな収益源が必要 ●広告代理店だが、Webマーケティング売上がなく、ここに参入したい		

「強み」（S）…「機会」に使える固有の経営資...

顧客資産	●今の顧客や特定顧客をどう活かせば、新たな可能性が開けるか ●今の顧客に新たに提案できそうなジャンル
商材資産	●今の商品・商圏・販売権を活用して、新たな販売先やチャネル開拓など ●今の商品に追加することで、さらに広がる可能性
人材・技術資産	●差別化に少しでも使えそうな従業員が持っている固有技術・技能（顧客が喜ぶなら趣味でも可） ●他社と比較して、見方を変えればPRできそうな人材、組織
設備・機能資産	●設備機器、不動産、動産などで使い方次第では有効なもの ●これまでは不良資産扱いでも、見方を変えれば有効利用できそうなもの

「機会」（O）…今後求められるニッチ市場、費用を払ってでも求めてくる顧客のニーズ

No.	深掘りする質問	どんな顧客か（特性）	具体的にどんなニーズがあるか	なぜそういうのか、何が要因か（具体的に）	組み合わせ番号	【積極戦略】…自社の強みを活かして差別化し...
1	B.Cランク客の具体的なニーズ	●Webで通販したい客、オンライン取引したい客	●ホームページで商品を売りたい。これまでの広告媒体だけでなく、SNSでPRしたい	●これまでの一般媒体での反応が低下している（広告効果がなくなっている）		●参入する分野・取扱う新商材（仮称）
2	顧客がわざわざ買いに来る理由	●スポンサーの試写会などの消費者向け企画	●スポンサーは消費者に直接PRできるニーズがある	●直販を狙う法人は、ノベルティで消費者とSNSなどの直接の接点を持ちたがっている		●新分野でターゲットにする顧客特性やフォーカスする顧... ●新分野でのターゲットの具体的なニーズ ●新分野での既存他社とは違うUSP ●営業方法、販売チャネルと売り方
3	予期せぬ成功・新たな可能性	●消費者がお店に行かず直接ネットで買うようになった	●小さなお店もWeb集客へシフトしている	●コロナで巣籠需要が増えたため、通常の店舗イベントでは集客できなくなった	A-1.5	●販売に必要なツール、PR、広告投資等
4	おカネを払うから、もっとここまでしてほしいニーズ	●ホームページはあるが、もっと認知度を高めたい客	●ホームページに定期的に情報を掲載したい。SNSやメルマガで継続的に情報発信したい	●コピーライティングできる人や情報掲載の担当者がいなくて、ホームページを活かせてない		●おおよその単価と年間販売数量、事業規模、概算チ...
5	新しいビジネスモデルでの要望/新たな市場ニーズ	●特定業界のイベント受注（例：新人スカウトのイベント、新米イベントなど）非広告のイベント企画	●広告収入は下がっても、リアルイベント・Webイベントの売上は今後も堅調（リアルイベントはコロナ終息後）	●アフターコロナでイベントが増えれば、受注が増える（イベントの多くの種類に対応できる）		

「脅威」（T）…すでに起こっている外部環境の悪化、これから起こる可能性の高い市場の変化と悪化予測

No.	既存客・既存市場・攻めている市場・顧客	悪化・変化の具体的兆候	組み合わせ番号	【差別化戦略】…自社の強みを活かし...	
〈1〉	既存顧客	●テレビ、ラジオ、新聞、地元雑誌などの発行部数、視聴率が今後も低迷（オンライン広告が一般媒体広告を超えた）		●買収・提携などのポジティブ戦略（どこと、どのように）	どこと
					何を、どんなカタチ...
					その具体的なメリット
〈2〉	Webでの広告が増えていく	●県内で知名度があったわけではなく、県外のWeb業者がインサイドセールスでどんどん顧客を開拓していく（リアルなら地の利が活かせるが、Webではライバルが不特定多数になる）		●撤退・売却などのネガティブ戦略（どこと、どのように）	どこと
〈3〉					何をどんなカタチで...
					その具体的なメリ...

（左端縦書き：外部環境）

Chapter I
Chapter II
Chapter III
Chapter IV
Chapter V
Chapter VI
Chapter VII
Chapter VIII
Chapter IX
Chapter X

作成日 [　　　　]

内 部 要 因

（業界やマーケットで同業者と比較して）	「強み」の価値転換・多角的活用		「弱み」(W) …「機会」をつかみにいけない具体的に不足している経営資源
◉これまでのTV広告、新聞広告の法人顧客リストが約1000ある（即アポがとれる決定権者が200名） ●リストがあるので、売上が下がった時や広告が空いたとき、営業をかけ即埋められる（ベテラン営業の強みがある）	●これまでの一般広告以外のWebマーケティングを提案すれば、受注の可能性が高い	a	●自社にWeb広告やマーケティングの経験者がいない。リソースもない
●スポンサーや主催者が映画の試写会企画で一般消費者にハガキを2万枚送付している（名簿の持ち主はスポンサー）	●スポンサーと共同企画の消費者向けマーケティングをすれば、2万人の名簿が活用できる	b	●明確な後継者がおらず、事業継続がはっきりしていない
●TV広告、新聞広告が減少しているが、低価格広告でスポットの広告を大量に確保できる	●Web広告を展開しているクライアントに継続的に低価格のTV、新聞広告を短期間に提供できる	c	●リアルイベントの経験は豊富だが、Webイベントのノウハウがない
●放送局、新聞社、地元雑誌社と直接の人脈がある ●県、市の補助事業の窓口（主幹企業）の経験があるので、公共団体での引き受けが可能		d	●若い営業パーソンが定着せず高齢化しており（平均年齢50代）、新しいものへの取り組みを拒否する（特にWeb系）
●営業全員がセールスライティング能力が高いので、売れるコピー表現を短時間で作成できる	●Webページでもオウンドメディアでも、見込み客を引き込む文字表現が可能	e	●利益のない小物印刷をまだ受けている
●ベテランの営業が顧客をよく知っているので、提案の幅が広い		f	
●外注先の撮影、編集、企画の業者を多数抱えているから、メディアが異なっても、すべての広告が提供できる	●苦手な分野、経験のない分野（特にWeb系）は、外注を使えば自社でも可能	g	
		h	

らに伸ばしていく対策。また積極的に投資や人材配置して、他社との競合で優位に立つ戦略	組み合わせ番号	【改善戦略】…「機会」をつかむために強化する具体的な経営資源と戦略	
・TV、ラジオ、新聞とのメディアミックスでオンライン販売ができるWebマーケティング	4-d	・「弱み」さえなければ、強化したいターゲットと具体的なニーズ	・Web担当がいないため、この人材を採用したらWeb受注ができる
・過去の顧客リストと現在TV、新聞広告主を対象に、「御社の商品をオンラインで売りませんかソリューション」を提案する		・「機会」をつかみに行けない自社の致命的な「弱み」の原因	・TV・ラジオ・新聞で十分な売上があった ・Webの苦手意識があった。一時期グーグルアナリティクスの研修も受けたが、途中で挫折、売上につながらなかった
・コロナで巣籠が増え、オンラインでの購入が増えているので、各顧客の商品やターゲットに合わせて、TV、新聞とのコラボで提供する		●何をどうやって「弱み」を克服するか　誰が・どの部門が	・社長と若いスタッフで、求人媒体に出稿（インディード、Web系の求人サイト）
・普通のWeb制作業者ではTV新聞活用まで対応しないが、当社はWeb、TV・ラジオ・新聞・地元雑誌の総合広告戦略を提供できる		何を	・求人広告媒体だけでなく、JターンやUターンで地元に帰りたいエンジニアをスカウト会社を通じて採用
・既存顧客と新規客を対象に定期的に無料Webオンライン通販セミナーを開催（講師は著名なコンサルタントやユーチューバーと提携）		どうやって	・媒体とスカウトで採用 ・外注先のスタッフを雇用（すでに信頼関係があるので）
・自社のホームページとは別に「オンライン販売戦略ページ」を立ち上げ、オンライン販売のA to Zを動画とオウンドメディアで公開（HP作成、記事、動画は外注先に依頼） ・TV・ラジオ・新聞・地元雑誌でPRし無料登録を促進する ・売上はクライアントのオンライン販売サイトの作成と商品の入れ替え、コピーライティングの毎月修正などのサブスク契約で行う		いつまでに	・2021年末までに目ぼしい人を決めておく

	販売数量	平均単価	売上概算	必要投資・経費	必要人員数
初年度	・HP作成数=10件 ・サブスク契約数=3件	・HP作成料=50万円/件 ・サブスク契約料=36万円/年	600万円	・自社HP作成100万円 ・Web広告50万円 ・HP原価20万円/件 ・セミナー外注（20万円×4回）	既存社員で変動なし
2年目	・HP作成数=20件 ・サブスク契約数=10件	・HP作成料=50万円/件 ・サブスク契約料=36万円/年	1,360万円	・Web広告50万円 ・HP原価20万円/件 ・セミナー外注（20万円×4回） ・人件費1000万円	2名増員（Webに詳しいスタッフ）
3年目	・HP作成数=50件 ・サブスク契約数=25件	・HP作成料=50万円/件 ・サブスク契約料=36万円/年	3,220万円	・Web広告50万円 ・HP原価20万円/件 ・セミナー外注（20万円×4回） ・人件費1000万円	2名増員のまま

脅威をチャンスに変えるには何をどうすべきか	組み合わせ番号	【致命傷回避・撤退縮小戦略】…自社の弱みが致命傷にならないようにするにはどうすべきか。またはこれ以上傷口を広げないために撤退縮小する対策は何か	
		●撤退縮小すべき事業分野・商材　何を	・名刺や固定のチラシ印刷などの小物印刷で利益のないもの
		メリット	・止めることで営業マンに手間が省け、その分新たな提案の時間確保ができる
		リスク	・これまで取引した昔ながらの顧客からクレームが来るが、「ネットプリント」などの紹介先を提供するのでリスクヘッジは可能
		リスク回避と円滑撤退のための具体策	・小物印刷は売上を上げるのではなく、今後のWebオンライン販売顧客へのノベルティ商品として無料で提供する

(1) 小規模広告代理店のケース

　この会社は、売上3億円未満、社員7名の地方の広告代理店です。

　ご多聞に漏れず、もともと減少傾向にあった広告収入がコロナ禍で一気にダウンしました。経営者も慌てて、新たな経営戦略に取り組もうとしている最中、事業再構築補助金の話を聞き、「ウチにも可能性があるでしょうか？」と会計事務所を経由して私たちに依頼が来ました。

　何はともあれクロスSWOT分析をして、可能性を見ないと始まらないので、なんとか3時間を確保し、一気に進めました。その全体像は前ページのとおりです。

①広告代理店の「強み」

「強み」のポイントとして、

● 社歴があるので、メディア業界に人脈があり、TV、ラジオ、新聞、フリーペーパーなどが活用でき、また低価格で仕入れられること。しかし、これはどの広告代理店も同じである
● コピーライティング能力があることは、いろいろ使えると判断した

　分析の結果、有力な「強み」は見つかりませんでした。

②導き出された「機会」

　次に「機会」の分析では、SNSの活用、ネット通販の高まりがビジネスになると考えました。

　この会社にとっては完全に出遅れている分野です。しかし、このニーズはすでに多方面で顕在化しており、中小広告代理店はどこでも取り組んでいるし、「いまさら感」はありました。

③「積極戦略」で描いた新戦略

　表に記載しているように、「TV・ラジオ・新聞とのメディアミックスでオンライン通販ができるWebマーケティング」という戦略を打ち出しました。

　ただ、この戦略のどこにUSPを置くかです。ライバルをWeb制作業者にするなら、「広告媒体を持ち、しかも低価格で仕入れられる」という強みはあります。しかし、同業の広告代理店とは差別化できません。

Chapter I

Chapter II

Chapter III

Chapter IV

Chapter V

Chapter VI

Chapter VII

Chapter VIII

Chapter IX

Chapter X

④補助事業に該当しない理由

以下の観点から、補助金としては難しいだろうと判断しました。

- ●「新製品」がすでに多くの広告代理店や IT 業界で扱われている
- ●「新市場」が既存の法人客と同じである
- ● USP に「差別化」と言えるものがなかなかない
- ●目立った設備投資もなく、通常のビジネスの延長線上である

ただし、補助金をあてにしなくても、通常の経営戦略として構築し、経営計画書に記載して実行する予定です。

(2) 地元密着工務店のケース

この会社は、売上 7 億円、社員 11 名の地域密着型の住宅建築会社です。

コロナ禍での売上ダウンが大きく、さらに施主の年齢層が高いことへの危機感が以前からありました。このままでは見込み施主が高齢化して、「購買層が激減」するという未来が見えるのです。

そこに金融機関から「事業再構築補助金」申請の提案がありました。「新しい設備投資をするなら貸しますよ」と。想定しているのはモデル住宅を建設するための費用です。

そこで、事業再構築補助金用の事業計画書を作成するために、クロス SWOT 分析を行いました。

その全体像が次ページです。

【地元密着工務店】
事業再構築　クロスSWOT分析検討用記入シート

会社名	○○住宅産業㈱		
部門・チーム名			
メンバー名（姓）	社長	常務	取締役
	課長		
該当事業・商材名	新住宅FCでの事業展開		
主要課題	●コロナ禍で既存の注文住宅も売上が激減 ●これまでの施主に合わせての自由設計と注文住宅では、30〜40代の購買層のニーズに合わなくなってきている ●新しいデザイン、新しいライフスタイルの提案型住宅が必要		

		「強み」（S）…「機会」に使える固有の経営
顧客資産	・今の顧客や特定顧客をどう活かせば、新たな可能性が開けるか ・今の顧客に新たに提案できそうなジャンル	
商材資産	・今の商品・商圏・販売権を活用して、新たな販売先やチャネル開拓など ・今の商品に追加することで、さらに広がる可能性	
人材・技術資産	・差別化に少しでも使えそうな従業員が持っている固有技術や技能（顧客が喜ぶなら趣味でも可） ・他社と比較して、見方を変えればPRできそうな人材、組織	
機能資産 設備・	・設備機器、不動産、動産などで使い方次第では有効なもの ・これまでは不良資産扱いでも、見方を変えれば有効利用できそうなもの	
他社から さらにコラボ れる資産	・上記資産から、異業種や同業種から、受託、提携、OEM、コラボ企画される可能性のあるもの	

外部環境

	「機会」（O）…今後求められるニッチ市場、費用を払ってでも求めてくる顧客のニーズ				組み合わせ番号	【積極戦略】…自社の強みを活かして差別化し
No.	深掘りする質問	どんな顧客が（どんな特性の顧客が）	具体的に何があるか	何故そういうのか、何が原因か（具体的に）		
1	B.Cランク客の具体的なニーズ				2, 3, 4, 5-B, C, E, G	参入する分野・取扱う新商材（仮称）
						新分野でターゲットにする顧客特性やフォーカスする顧客層
						新分野の既存他社とは違うUSP、営業方法、マーケティング・広告、投資等
2	顧客がわざわざ買いに来る理由	●一般的な規格住宅だとプランしにくい土地を持っている施主	●安い土地、狭い土地でも快適な家に住みたい	●狭い土地でも他人に覗かれたくないし、解放感もほしい若い層が多い（洗濯物、間取、家族状況等をさらしたくない）		
3	予期せぬ成功・新たな可能性	●従来のように外壁に窓がないような家でもよい家族	●外壁に囲まれていても、中身は解放感のある家	●外からは閉鎖的に見えるが、内部解放感を望む声が多い		おおよその単価と年間販売数量、事業規模、概算売上
4	既存客・新規見込み客が使う上でいら立っていること（困りごと）	●若い層を中心に、プライベートを邪魔されたくない	●外から見られにくいが、中には解放感がある家	●外から見られたくない。セキュリティやプライバシーに敏感になっている	6-C, E, G, H	参入する分野・取扱う新商材（仮称）
						新分野でターゲットにする顧客特性やフォーカスする顧客層
5	そこまで要求しないから、もっと低価格のニーズ	●低コスト住宅を購入するニューファミリー層	●低コストで、土地を選ばない家がほしい若い層	●土地がいびつでも、南に向いてなくても、低コストで開放感のある家がほしいというニーズ		新分野の既存他社とは違うUSP、営業方法、マーケティング・広告、投資等
6	おカネを払うから、もっとここまでしてほしいニーズ	●防災住宅	●太陽光、蓄電池、井戸、プロパン、備蓄倉庫のある家	●最近頻発している地震、台風、水害などの災害時に、1週間以上維持できる家がほしい		おおよその単価と年間販売数量、事業規模、概算売上
7	新しいビジネスモデルでの要望／新たな市場ニーズ	●災害時ライフラインが途絶えた時	●子供や老人でも1週間以上ライフラインを維持したい			

	「脅威」（T）…すでに起こっている外部環境の悪化、これから起こる可能性の高い市場の変化と悪化予測		組み合わせ番号		【差別化戦略】…自社の強みを活かして、
NO.	既存客・既存市場・攻めている市場・顧客	悪化・変化の具体的兆候	買収・提携などのポジティブ戦略（どこと、どのように）		どこと
⟨1⟩					何を、どんなカタチで
					その具体的なメリットは
⟨2⟩			撤退・売却などのネガティブ戦略（どこと、どのように）		どこと
					何をどんなカタチで
⟨3⟩					その具体的なメリットは

V　クロスSWOT分析の結果によっては新規事業と補助金申請を保留に

内 部 要 因

	(業界やマーケットで同業者と比較して)	「強み」の価値転換・多角的活用		「弱み」(W) …「機会」をつかみにいけない具体的に不足している経営資源
A	● 70%が施主の紹介による受注。過去 300 棟の施主がいる	● リフォームの受注が安定してできる（アフターサービスを継続しているから）	a	
B	● 既存の施主の平均年齢 60 代の子供世代（30 代）の見込み客が多い（親世代と長くよい関係があるから）⇒アフターメンテを 20 年にわたって継続しているから		b	
C	● 規格住宅と違い、完全自由設計でどういうニーズにも対応できる設計思想⇒必要な新しい設計思想やノウハウを導入しやすい ● 太陽光、蓄電池、井戸、備蓄倉庫の施工経験が豊富	● FC などの新しい住宅設計に加入しても即応できる ● 防災住宅のシステムを提案できる	c	
D			d	
E	● 1 級建築士、1 級施工管理技士、2 級建築士がそろっており、また過去 300 棟の実績から、さまざまなバリエーションの住宅に対応できる	● 在来工法から 2×4、鉄骨住宅等、どんな工法にも対応できる	e	
F	● 立体を活かして住居面積を邪魔せず収納面積が多くとれる（収納アドバイザー 3 名在職）	● 家族が増えても荷物収納に困らないように設計している。家族の成長と家族の人口減に即応できる	f	
G	● 協力会社会を長年にわたり運営し、融通のきく外注体制があり自社の動きに即応してくれる業者がいる	● 新しい設計や仕様でも即応できる外注先が多い	g	
H	● 第三者機関による検査管理体制が完備されて、安定した品質管理ができている	● 品質に厳しい施主は安心して発注できる	h	
I			i	
J			j	

さらに伸ばしていく対策。また積極的に投資や人材配置して、他社との競合で優位に立つ戦略						組み合わせ番号	【改善戦略】…「機会」をつかむために強化する 具体的な経営資源と戦略				
● 30 代のプライバシー・ムダ削除重視施主向け、高効率住宅分野の開発							弱みさえなければ、強化したいターゲットと具体的なニーズ				
● プライバシーを維持し、かつ狭い土地でも解放感のある家を望む世帯向け（土地を有効活用できるニーズに対応）							「機会」をつかみに行けない自社の致命的な「弱み」の原因				
● 高効率住宅のモデルハウス建築 ● ライフスタイルと Web 見学会用 Web ページの制作と動画化 ● ラジオ CM、広告で継続的に情報発信 ● FC 加盟後の研修（月会費）							何をどうやって「弱み」を克服するか	誰が・どの部門が、			
	販売数量	平均単価	売上概算	必要投資・経費	必要人員数			何をどうやって			
初年度	5 棟	2,000 万円	10,000 万円	・モデルハウス建築（設計費込）3,000 万円 ・Web、CM 広告費 300 万円	現状維持		おおよその数値目標または実行予定	年度	2021 年	2022 年	2023 年 / 2024 年
2 年目	8 棟	2,000 万円	16,000 万円	・Web、CM 広告費 500 万円	現状維持						
3 年目	12 棟	2,000 万円	24,000 万円	・Web、CM 広告費 700 万円	現状維持						
● 高効率住宅＋防災住宅のシステム開発（制震、蓄電池、井戸、プロパンガス、発電機、備蓄倉庫の最適パッケージ提案）							弱みさえなければ、強化したいターゲットと具体的なニーズ				
● 防災意識の高い施主、子供や老人が同居している世帯							「機会」をつかみに行けない自社の致命的な「弱み」の原因				
● 高効率住宅のモデルハウス建築 ● ライフスタイルと Web 見学会用 Web ページの制作と動画化 ● ラジオ CM、広告で継続的に情報発信 ● FC 加盟後の研修（月会費）							何をどうやって「弱み」を克服するか	誰が・どの部門が、			
	販売数量	平均単価	売上概算	必要投資・経費	必要人員数			何をどうやって			
初年度	・新築 5 棟 ・リフォーム 5 件	・新築 2,400 万円 ・リフォーム 200 万円	・新築 1 億 2,000 万円 ・リフォーム 1,000 万円	・モデルハウス建築（設計費込）3,500 万円 ・Web、CM 広告費 300 万円 ・リーフ（発電用）400 万円	現状維持		おおよその数値目標または実行予定	年度	2021 年	2022 年	2023 年 / 2024 年
2 年目	・新築 8 棟 ・リフォーム 8 件	・新築 2,400 万円 ・リフォーム 200 万円	・新築 1 億 9,200 万円 ・リフォーム 1,600 万円	・Web、CM 広告費 600 万円	現状維持						
3 年目	・新築 12 棟 ・リフォーム 12 件	・新築 2,400 万円 ・リフォーム 200 万円	・新築 2 億 8,800 万円 ・リフォーム 2,400 万円	・Web、CM 広告費 900 万円	現状維持						

脅威をチャンスに変えるには何をどうすべきか	組み合わせ番号	【致命傷回避・撤退縮小戦略】…自社の弱みが致命傷にならないようにするにはどうすべきか。またはこれ以上傷口を広げないために撤退縮小する対策は何か	
		撤退縮小すべき事業分野・商材	何を
			メリット
			リスク
			リスク回避と円滑撤退のための具体策

①当該工務店の「強み」

紹介比率が高いこと、建築士の資格だけでなく、民間資格の収納アドバイザーを複数持っていること、防災の設計や提案の実績が多いことなどが挙げられました。

②導き出された「機会」

これからの施主となる30代〜40代の若いファミリー層が好む住宅思想（セキュリティとプライバシー）に対応できることが挙がりました。

また、相次ぐ地震、台風、水害などに、住宅としての備えを意識する施主も増えてくるだろうと考えました。

③「積極戦略」で描いた新戦略

そこで、2つの「積極戦略」が生まれました。

- **30代のプライバシー・ムダ削除重視施主向け、高効率住宅分野の開発**
- **高効率住宅＋防災住宅のシステム開発（制震、蓄電池、井戸、プロパンガス、発電機、備蓄倉庫の最適パッケージ提案）**

1つめの「30代のプライバシー・ムダ削除重視施主向け、高効率住宅分野の開発」では、従来の自社の住宅設計とは明らかに違います。ただし、設計仕様次第では今でも提供可能な商品の一種です。

2つめの「高効率住宅＋防災住宅のシステム開発（制震、蓄電池、井戸、プロパンガス、発電機、備蓄倉庫の最適パッケージ提案)」は、防災機能の仕組みをセットして提供するものです。これも、通常の設計のオプションともとれます。

④補助事業に該当しない理由

新戦略ではたしかにモデルハウスという大型の設備投資が必要です。

しかし、この2つのどちらかを補助金申請したとしても、「製品の新規性」「市場の新規性」が見当たりません。住宅＋防災機能のセットにしても、「既存機能の改変や組み合わせ」と判断されるでしょう。

その他の小さな事項ではいろいろ指針に合致しているのですが、根本的な箇所で事業再構築補助金の指針に適合しにくいと言わざるを得ません。

Chapter VI

クロスSWOT分析から「中期収支計画」への落とし込み

1. 新戦略の具体策に連動した中期収支計画

(1) 具体策連動中期収支計画のフォーム

クロス SWOT 分析により「積極戦略」や「致命傷回避・撤退縮小戦略」「改善戦略」「差

クロス SWOT 分析の「戦略」「具体策」を反映した【具体策連動中期収支計画表】　（単位：千円）

種別	部門	科目	昨年実績	破局のシナリオでの 3 年後の数値	（　）年度予想収支	（　）年度予想収支	（　）年度予想収支
既存売上							
新戦略売上							
売上合計							
原価	材料費（仕入）						
	労務費						
	外注費						
	その他経費						
	原価計						
粗利合計							
平均粗利率							
販売費及び一般管理費	役員報酬						
	人件費（法定福利費込み）						
	広告宣伝費						
	販売費及び一般管理費合計						
営業利益							
営業外	営業外収益						
	営業外費用						
経常利益							

別化戦略」が具体的にフォームに記載され、これを詳細な戦略や戦術の内容を中期収支計画表に落とし込みます。

中期収支計画には、クロス SWOT 分析の商材対策、顧客対策、価格数量、必要投資、経費支出などの詳細な内容と数字を記入します。詳細な内容とは、5W2H で表現されることです。そして、この中期収支計画（＝中期経営計画）を見れば、どこまで実現可能かがわかるレベルまで落とし込んでいきます。

Chapter I
Chapter II
Chapter III
Chapter IV
Chapter V
Chapter VI
Chapter VII
Chapter VIII
Chapter IX
Chapter X

新戦略での概算数値（売上・原価・経費）整理		
クロス SWOT 分析による新戦略の具体策から導き出される売上概況・内容 （新商材・新規チャネル等の売上増や既存商材の売上減等）		新たに増減する売上高
〈1〉		
〈2〉		
〈3〉		
〈4〉		
〈5〉		
〈6〉		
クロス SWOT 分析による新戦略の具体策に該当する仕入または粗利に関する概況・内容 （新商材・新規チャネル等で発生する原価や仕入、既存商材の売上ダウンに伴う仕入減、 または粗利率の変動も含む）		新たに増減する 原価・仕入
〈1〉		
〈2〉		
〈3〉		
クロス SWOT 分析による新戦略の具体策に該当する経費支出・削減の科目と額に関する科目、 およびその概況と内容（新対策で新たに増減する人件費、経費、減価償却費も含む）		新たに増減する経費
〈1〉		
〈2〉		
〈3〉		
〈4〉		
〈5〉		
キャッシュ・資金に関する具体策 （資金不足時の対策・借入の増減予定等）		増減する金額・％
〈1〉		
〈2〉		
〈3〉		
投資（設備・人材・ソフト・仕掛け）に関する対策 （戦略的な投資予定、新規事業への取り組みや、リストラ等に関連する取り組み）		増減する金額・％
〈1〉		
〈2〉		

(2) 収支計画フォームへの記載のポイント

　中期収支計画（中期経営計画）のフォームでは、クロス SWOT 分析での各種戦略と概算数字を含めて、3 か年計画にしています。実際の事業再構築補助金申請用の事業計画が 5 か年の場合は、3 か年計画の延長線で考えます。
　まず、フォームの左側の欄です。

（単位：千円）

種別	部門	科目	昨年実績	破局のシナリオ (3～5 年後の数値)	（　）年度 予想収支	（　）年度 予想収支	（　）年度 予想収支
既存売上							
新戦略売上							
売上合計							
（既存と新戦略別に）原価	材料費（仕入）						
	労務費						
	外注費						
	その他経費						
	原価計						
粗利合計							
平均粗利率							
販売費及び一般管理費	役員報酬						
	人件費（法定福利費込み）						
	広告宣伝費						
	販売費及び一般管理費合計						
営業利益							
営業外	営業外収益						
	営業外費用						
経常利益							

Chapter I
Chapter II
Chapter III
Chapter IV
Chapter V
Chapter VI
Chapter VII
Chapter VIII
Chapter IX
Chapter X

①売上・原価に「新戦略項目」を入れる

既存の売上と新戦略売上を分けて見るために、このフォームでは科目を分け、既存の売上と新戦略の売上が混在しないようにします。同様に、原価についても、既存事業・商品にかかわるものと新戦略にかかわるものに分けます。

新戦略の売上が複数あれば、わかりやすい表現で分けて記載します。A戦略、B戦略ではなく、「新飲料開発戦略（商品名の仮名があればそれでもよい）」といった具体的イメージが湧く表現で記載します。

②破局のシナリオで最悪の経常利益を予想する

「破局のシナリオ」では、このまま普通に努力して3年後、5年後がどうなるかを見ます。売上科目別の3か年売上平均下落率などを参考に、3年後、5年後の既存商品の売上推移を見ます。

例えば、Aという商品が過去3年で年平均5%程度ダウンしているなら、年度ごとに5%下落で計算し、3年後、5年後の予想売上を出します。ここには新戦略の売上がない状態で計上します。

次に粗利についても、3か年平均の粗利率を売上にかけて出します。

販売費及び一般管理費（販管費）は、現状どおりと、どうしても増える予定の経費を盛り込んで、3年後の数字を出します。

上記の結果、3年後の営業利益が出てきます。昨年実績と比較してどれくらい悪化しているか、このままだと3年後がどうなるかの悪い予想が明確になってきます。

だから「破局のシナリオ」と呼んでいるのです。

③クロスSWOT分析の概算数値を入れた年度別売上計画を立てる

次にクロスSWOT分析の「積極戦略」で出てきた戦略と概算数値を、売上科目の「新戦略売上科目」に入れて計算します。

概算数値の売上は「積極戦略」に記載しているのでそのまま転記します。

また、「致命傷回避・撤退縮小戦略」で売上減少につながる判断（商品の縮小撤退、顧客の縮小撤退）があれば、その分の「既存売上科目」の年度別売上予定も最初から減らしていきます。

ただし、「致命傷回避・撤退縮小戦略」で粗利率の悪い商材や効率の悪い顧客を年度ごとに減らした場合は、粗利率の改善を計算に入れてもよいでしょう。そうしないと、売上の自然減だけでなく、「撤退縮小した商材や顧客」が要因で一気に売上が下がることになります。

④新戦略売上と必要投資、必要経費を入れて経常利益を読む

販管費の勘定科目を入れて、昨年実績をまず書き込みます。

その後、「積極戦略」の概算数値に記載されている必要投資、必要経費、必要人件費などを入れます。

投資については、減価償却が必要なものは償却年数に沿って計算し、必要経費（例：補修費、広告費、Web制作費、指導料など）を入れて販管費を出します。

また、「致命傷回避・撤退縮小戦略」での商材・顧客の縮小撤退にかかわる経費があれば、それもここで読んで計上しておきます。

これらの結果、経常利益がどこまで改善するかを見てみます。

⑤３年後でも黒字化しない場合、新戦略の数量を見直す

「積極戦略」「致命傷回避・撤退縮小戦略」で記入した概算売上や必要経費を入れて、年度ごとの収支を見た結果、赤字幅が改善されない場合や融資返済原資の利益が出ない場合があります。

特に初期投資や経費が先にかかり、売上効果が後からくる場合です。また、「致命傷回避・撤退縮小戦略」では、先に売上がダウンし、後から利益改善が進むものです。

このような場合は、「積極戦略」の数量や単価を見直します。また、「致命傷回避・撤退縮小戦略」での撤退縮小のスピードを減速させて、ソフトランディングする数値計画にすることもあります。

数値合わせのために荒唐無稽な数量目標を設定することは非現実的です。新規事業による赤字解消や必要利益の確保は年度がもっと後になる可能性があります（３年後ではなく５年後に）。

ここで仮に、事業再構築補助金で初期投資の費用を雑収入として計上することができれば、収益は大幅に改善されます。

⑥新戦略の販売数量、売上の見直しに応じた経費を計算し、再シミュレーションする

売上不足、粗利不足になることが予想され、「積極戦略」での概算数値の販売数量や単価を増やした場合、当然原価や経費も見直すことが必要です。

原価は売上と連動して計上しますが、経費特に広告費などの販促経費や人件費は、売上予想が大きければ、それ相応に増やさなければなりません。

すると、経費が膨らみ経常利益が減るという可能性も出てきます。したがって、売上、原価、経費は何回もシミュレーションして、「これならなんとかなりそうだ」という感触を得られるまで見直しを行い、最終的な経常利益計画にしていきます。

Chapter I

Chapter II

Chapter III

Chapter IV

Chapter V

Chapter VI

Chapter VII

Chapter VIII

Chapter IX

Chapter X

⑦クロス SWOT 分析での具体策と概算数値を修正する

収支シミュレーションで数量、単価、粗利などが修正された段階で、クロス SWOT 分析の「積極戦略」の概算数値や具体策の中身も修正していきます。シミュレーションの結果から逆算して、分析し直すのです。これはアナログの作業になります。

⑧戦略経費以外のコスト削減を計画化する

数量、単価、粗利率などのシミュレーションを繰り返しても、必要額の経常利益にならない場合は、戦略経費以外のコスト削減を計画します。

戦略経費とは、「積極戦略」で出てきた商材対策のための経費です。戦略経費以外とは、3K 経費（交際費、交通費、効果の薄い広告費）や不要不急の経費、または保険や各種のコストです。

これもできる範囲で行いますが、ここでやっと役員報酬の削減などの差額対策を使います。最初から役員報酬の減額を入れると、コスト削減策も数量対策も甘くなり、何より経営陣のモチベーションが下がります。いろいろ検討した結果、最後に「役員報酬減しか方法がない」「ここさえ乗り切れば、また元に戻せる」と理解を促すのです。

(3) 収支計画の右欄にクロス SWOT 分析での商材や数値を転記

右の欄には、各種の数値（売上、原価、経費）の根拠になった対策と数値を、クロス SWOT 分析での「概算数値」を参考に転記します。

実際に複数回シミュレーションし、その都度内容や数量、単価を修正したので、最新の議論の結果を記載します。

ちなみにどんなことを記載するか、次ページのフォームを見てください。

このフォームは、108 ページに掲載した収支の各科目の根拠を書くものです。その中身は、クロス SWOT 分析で具体的な表現で記載されたものが中心になります。

新戦略での概算数値（売上・原価・経費）整理		
クロスSWOT分析による新戦略の具体策から導き出される売上概況・内容 （新商材・新規チャネル等の売上増や既存商材の売上減等）		新たに増減する 売上高
〈1〉		
〈2〉		
〈3〉		
〈4〉		
〈5〉		
〈6〉		
クロスSWOT分析による新戦略の具体策に該当する仕入または粗利に関する概況・内容 （新商材・新規チャネル等で発生する原価や仕入、既存商材の売上ダウンに伴う仕入減、 または粗利率の変動も含む）		新たに増減する 原価・仕入
〈1〉		
〈2〉		
〈3〉		
クロスSWOT分析による新戦略の具体策に該当する経費支出・削減の科目と額に関する科目、 およびその概況と内容（新対策で新たに増減する人件費、経費、減価償却費も含む）		新たに増減する 経費
〈1〉		
〈2〉		
〈3〉		
〈4〉		
〈5〉		
キャッシュ・資金に関する具体策 （資金不足時の対策・借入の増減予定等）		増減する金額・%
〈1〉		
〈2〉		
〈3〉		
投資（設備・人材・ソフト・仕掛け）に関する対策 （戦略的な投資予定、新規事業への取り組みや、リストラ等に関連する取り組み）		増減する金額・%
〈1〉		
〈2〉		

Chapter
I

Chapter
II

Chapter
III

Chapter
IV

Chapter
V

Chapter
VI

Chapter
VII

Chapter
VIII

Chapter
IX

Chapter
X

①新戦略の具体策から導き出される売上概況・内容

（新商材・新規チャネル等売上増や既存商材の売上減等）

- ●既存商品のうち、売上が減少する商品や下落する金額、件数、率など
- ●縮小撤退で意図的に減らす商品の金額、件数、率など
- ●新戦略で増やす商品、顧客の数量、金額、件数など

②新戦略の具体策に該当する仕入または粗利に関する概況・内容

（新商材・新規チャネル等で発生する原価や仕入、既存商材の売上ダウンに伴う仕入減、または粗利率の変動も含む）

- ●新戦略や通常努力での原材料・仕入についての予測や取り組み
- ● 〃 での外注についての取り組み
- ● 〃 の在庫対策、ロス対策についての取り組み
- ● 〃 での現場経費、物流費に関する取り組み（コスト削減対策等）
- ● 〃 での労務費に関する取り組み（残業代抑制や雇用シフト等）

③新戦略の具体策に該当する経費支出・削減の内容

（新戦略で新たに増減する人件費、減価償却費等）

- ●新戦略と通常努力での人件費について発生する増額要因と概算
- ● 〃 での人件費について抑制する予定の対策
- ● 〃 でのその他科目別に管理可能経費に関するコスト削減対策で今期取り組むこと
- ● 〃 での意図的に増える経費予定と内容と概算
- ● 〃 での計画的に増減する予定の経費の内容と概算

④キャッシュ・資金に関する具体策

（資金不足時の対策・借入の増減予定等）

- ●資金不足時の対策
- ●借入の増減予定

- ●債権管理について取り組み
- ●補助金、助成金の予定

⑤投資（設備・人材・ソフト・仕掛け）に関する対策
（戦略的な投資や新規事業への取り組み、リストラ等に関連する取り組み）

- ●戦略的な投資予定や、中期ビジョン達成に関連する取り組み
- ●新規事業への取り組み
- ●リストラ等に関連する取り組み

2. クロスSWOT分析から中期収支計画への落とし込み 〜酒造メーカーの例〜

　第4章で紹介した酒造メーカーの「クロスSWOT分析から中期収支計画への落とし込み」の事例について解説します。次のページに具体策連動の中期収支計画を記載しています。

　クロスSWOT分析から導き出された新戦略が収支計画に入っています。この流れが具体的にわかると理解しやすいでしょう。

　一つずつ見ていきましょう。

- ●破局のシナリオの一般売上はコロナで激減した。助成金等で少しは持ち直すものの、下落傾向で予測を立てる。売上減で梱包費は落ちるが、このまま普通に努力しても2021年度は赤字が6,900万円となる　※フォーム④の欄
- ● 2021年度から積極戦略と改善戦略の一部が売上に貢献する。ただし、先のコストが増えることで初年度は赤字が大きい　※フォーム⑤の欄
- ● 4年目の2025年度は3つの新戦略が少しずつ売上に貢献し、なんとか収支トントンに持っていく　※フォーム⑧の欄
- ●それぞれの年度別売上の根拠を整理　※フォームの右側の欄
- ●新戦略売上に伴い増える原価（材料費、労務費、経費、減価償却費等）を概算予測する。特に新戦略により業務が増えるので、アウトソーシングできる業務はどんどん増やしていく（配達梱包費など）　※フォーム⑪の欄
- ●経費面は新戦略を実施するために、戦略的経費（広告費、指導料など）も計上　※フォーム⑫の欄

　実際の作業では厳しめに予測するため、数量や原価率、かかる経費を新戦略の具体策と連動させながら、何回もクロスSWOT分析と収支表を行ったり来たりするシミュレーションを行います。特に売上や原価、経費を修正する場合、右側の「根拠整理」の記載も連動して修正します。

　この段階では、数値の根拠を適切に示すマーケティングデータがあるわけではありません。予測数値というよりも、努力目標に近いものです。だからこそ、合理的な説明がつかないまでも、概算と予測の精度を少しでも上げるようにシミュレーションを繰り返していくのです。

クロス SWOT 分析での「戦略」「具体策」を反映した【具体策連動中期収支計画表】

(単位：千円)

科目	①種別	②部門	③昨年実績	④破局のシナリオでの3年後の数値	⑤21年度予想収支	⑥22年度予想収支	⑦23年度予想収支	⑧24年度予想収支	⑨25年度予想収支
売上	既存売上1	一般卸売上	300,000	255,000	270,000	243,000	243,000	243,000	243,000
	既存売上2	PB売上	170,000	170,000	170,000	170,000	153,000	137,700	123,930
	新規売上	ドラッグストア ディスカウントストア	0		5,000	30,000	50,000	70,000	100,000
	新商品売上	炭酸サワー系焼酎	0		5,000	30,000	70,000	100,000	120,000
	新ビジネス売上	原料カス受託事業	0		2,400	4,800	12,000	20,000	30,000
	売上合計		470,000	425,000	452,400	477,800	528,000	570,700	616,930
原価	材料費		75,000	60,000	54,000	54,000	60,000	70,000	90,000
	労務費		60,000	50,000	50,000	50,000	65,000	65,000	65,000
	経費（酒税、減価償却費、燃料費等）		230,000	207,000	207,000	220,350	234,368	249,086	264,540
	原価計		365,000	317,000	311,000	324,350	359,368	384,086	419,540
	粗利合計		105,000	108,000	141,400	153,450	168,632	186,614	197,390
	平均粗利率		22.3%	25.4%	31.3%	32.1%	31.9%	32.7%	32.0%
販売費及び一般管理費	役員報酬		20,000	20,000	20,000	20,000	20,000	20,000	20,000
	人件費（法定福利費込み）		70,000	70,000	70,000	70,000	70,000	70,000	70,000
	広告宣伝費		25,000	25,000	28,000	28,500	28,500	28,500	28,500
	配達梱包費		25,000	20,000	20,000	22,000	24,000	26,000	28,000
	接待交際費		8,000	8,000	8,000	8,000	8,000	8,000	8,000
	水道光熱費		2,500	2,500	2,500	2,500	2,500	2,500	2,500
	減価償却費		9,000	9,000	9,000	9,000	9,000	9,000	9,000
	保険料		2,500	2,500	2,500	2,500	2,500	2,500	2,500
	車両費		6,000	6,000	6,000	6,000	6,000	6,000	6,000
	雑費		15,000	15,000	15,000	15,000	15,000	15,000	15,000
	販売費及び一般管理費合計		183,000	178,000	181,000	183,500	185,500	187,500	189,500
	営業利益		− 78,000	− 70,000	− 39,600	− 30,050	− 16,868	− 886	7,890
営業外	営業外収益		1,000	1,000	1,000	1,000	1,000	1,000	1,000
	営業外費用		3,000	3,000	3,000	3,000	3,000	3,000	3,000
	経常利益		− 80,000	− 72,000	− 41,000	− 32,050	− 18,868	− 2,886	5,890

Chapter I

Chapter II

Chapter III

Chapter IV

Chapter V

Chapter VI

Chapter VII

Chapter VIII

Chapter IX

Chapter X

新戦略での概算数値（売上・原価・経費）整理			
⑩クロス SWOT 分析による新戦略の具体策から導き出される売上概況・内容 （新商材・新規チャネル等の売上増や既存商材の売上減等）			新たに増減する 売上高
〈1〉	一般卸売上	毎年 10％ダウン、コロナ禍でさらに 5％ダウン。今後は横ばい	
〈2〉	既存 PB	一部商品の撤退を始めることで、2020 年度比 20％ダウン	
〈3〉	ドラッグ・ディス カウント売上	21 年度から始め、24 年度には 0.7 億円までもっていく（開拓商品は既存の B 品をディスカウント商品に転換）、25 年度に 1 億円までもっていく	
〈4〉	瓶ボトル売上	21 年度から始め、25 年度には 0.7 万ケース 1.2 億円のビジネスにもっていく	
〈5〉	原料カス事業	21 年度から始め、23 年度には 1,200 万円、25 年度には 3,000 万円のビジネスにする	
⑪クロス SWOT 分析による新戦略の具体策に該当する仕入または粗利に関する概況・内容 （新商材・新規チャネル等で発生する原価や仕入、既存商材の売上ダウンに伴う仕入減、または粗利率の変動も含む）			新たに増減する 原価・仕入
〈1〉	瓶ボトルの容器開 発と仕入	瓶ボトルが 30 円 / 本 21 年＝ 72 万円、22 年＝ 360 万円　23 年＝ 720 万円	
〈2〉	材料費	一般売上と PB の減少で減るが、ドラッグストア、ディスカウントストアの開拓で、23 年度には増える（20 年度並み）	
〈3〉	労務費	瓶ボトル製造が増えることで、23 年度には 2 名の増員を図る	
〈4〉	経費	原料カスの燃料費が増える。瓶ボトルの仕入は本数に応じて増える	
〈5〉	減価償却費	瓶ボトル詰め生産ライン増設（3,000 万円）	減価償却費 300 万円 / 年
⑫クロス SWOT 分析による新戦略の具体策に該当する経費支出・削減の科目と額に関する 科目、およびその概況と内容 （新対策で新たに増減する人件費、経費、減価償却費も含む）			新たに増減する 経費
〈1〉	広告費	瓶ボトルの広告（年 100 万円）や直販ウェブサイトの作成（21 年度だけ 100 万円）とメンテナンス費用（毎年 50 万円）が増える	
〈2〉	広告費（指導料）	瓶ボトル製品開発のため、大手ビールメーカーから顧問を採用（21 年と 22 年度）	
〈3〉	配達梱包費	瓶ボトル売上が増えることで増加	
〈4〉			
〈5〉			
〈6〉			
〈7〉			

Chapter VII

中期収支計画から ロードマップ・アクションプラン への落とし込み

1. 3か年中期ロードマップ（工程表）の作成

（1）具体策連動中期収支計画のフォーム

　中期収支計画（中期経営計画）がほぼ決まり、具体策と収支が連動する表が出来上がります。しかし、この段階では、まだ概算のイメージであり「仮説」です。

　この仮説に基づき計画を実行し、効果を上げるには具体的な行動が必要です。その行動とは、しっかりしたプロセスに沿った年度行動予定です。

　これは補助金目当ての事業計画ではなく、実際に売上を上げようとしたら、通常の努力をしながら新たな行動が必要なのは当然だから、より詳細に具体的に決める必要があります。

　補助金を審査する機関は、具体的な行動計画が示されていないと、「**本当にできるんですか？**」と疑念を抱くものです。その疑念に答えるには、行動プロセスをより明確にする必要があります。

（2）本当に実行できるのか？ 行動プロセスが重要

　実際のコンサルティング現場でよく聞く声は、「**今でも忙しいのに、この人員体制で、これ以上新しい事業をやるのは困難だ**」というものです。こういうクレームを言ってくる管理職の声はもっともだと思われますが、その声に同調するだけでは新しいことは何もできません。

　新しいことにチャレンジするには、考え方や視点を変えて取り組む必要があるのです。忙しくなってしまうのは、従来のやり方を変えずに「新しい事業」「新戦略」をやろうとするからです。

　収支計画で経費を読むとき、**人件費を使わずにアウトソーシングできるものは、その経費を増やす方向で検討**します。この時に業務の構造改革も一緒に議論するのです。

「今でも現場は大変なのに、本当にこんなことができるんですか？」

　これは、ある銀行員が、クロスSWOT分析から新戦略を構築した経営者に言った言葉です。この時は事業再構築補助金ではなく、コロナ前のプロパー融資のために事業計画を立てて説明していました。

　結果的には融資は問題なく通りましたが、中小零細企業で新しいことがそう簡単に実行できるとは思わないものです。もしかしたら、当事者の経営者ですら、「本当にできるかな？」と内心不安なはずです。

その不安感を少しでも払拭するのが、「行動プロセス」です。

行動プロセスとは、新戦略の行動を工程ごとに分解整理し、必要な行動を詳細に決めることです。

実際のフォームを見てみましょう。

このフォームでは、各戦略を「重要行動プロセス」ごとに工程を分けて、それぞれに担当者と期限を設定しています。

そして各年度の行動プロセスを俯瞰して、年度ごとに上半期に実施すべきこと、下半期に実施すべきことなどを記載します。

この行動プロセスは収支計画を見ながら作成しますが、早く動くことで早く実績を上げたいがために、行動計画初年度に集中してしまう傾向になります。ここは慎重に、自社の経営資源で可能かどうかなどを見極めながら作成していきます。

それでは、先ほどの酒造メーカーのロードマップを見てみましょう。

中期ロードマップ（工程表）

カテゴリー	新戦略・実施項目	重要行動プロセス	部署・担当者	（　　　　　）年度実施事項	
				上半期（　　）	下半期（　　）

会社名			
作成日時			
（　　　　　）年度実施事項		（　　　　　）年度実施事項	
上半期（　　）	下半期（　　）	上半期（　　）	下半期（　　）

（3）ロードマップのフォームと書き方（酒造メーカーの例）

第6章と同じように、酒造メーカーを例にして、中期ロードマップ（工程表）を作成すると、以下のようになりました。

3か年中期ロードマップ（工程表）

カテゴリー	新戦略・実施項目	重要行動プロセス	部署・担当者	2021年度実施事項	
				上半期（4-9）	下半期（10-3）
積極戦略①	炭酸サワー系焼酎の独自ブランドの開発販売	商品開発・マーケティング専門のコンサルタントへの依頼	社長	●コンサルタントの選択と依頼（5月まで）	●1年間契約締結
		試作とテイスト決定	社長、杜氏、開発	●コンセプト決定（7月まで） ●試作試飲開始（8月〜）	●テイスト決定（官能検査）（10月）
		営業計画作成	社長、営業		●販売計画（顧客別・チャネル別）の立案（9月まで）
		瓶詰め業者の決定と製造	社長	●大手問屋、商社へ依頼（社長）（4月） ●瓶の形式決定（6月） ●瓶詰め業者と条件交渉（8月まで）	
		瓶ラベルデザインと発注	開発		●瓶ラベルデザイン決定（10月まで） ●ラベル発注（11月）
		Webページ作成	社長、営業	●SNS広告計画、コンテンツ配信計画の作成（8月まで）	●Webページ作成（9月まで） ●YouTube動画制作開始（8月〜）
		地元ファンクラブ試飲会	社長、営業		●秋の蔵開きで試飲会実施 ●ファンクラブを招待して試飲会（11月）
		動画コンテンツ作成配信	社長、営業	●動画コンテンツ担当の決定	●毎週動画、インスタ、クラブハウス配信開始（10月〜）
		バイヤーへ提案（卸通じて）	営業		●企画書とサンプルでバイヤー営業開始（10月〜）
		店頭でスポット販売（酒販経由）	営業		●スポット特売の提案開始（10月〜）
		販促イベント（芸能人の起用）	社長、営業		●販促イベント実施（蔵開き時に芸能人を起用）
積極戦略②	原料カス受託事業	市場調査（同業者へ原料カスの状況把握）	社長、営業部長	●同業者へ原料カスの状況調査（9月まで）	
		原料カス買取事業計画とマーケティング対策	社長、営業部長	●詳細な営業行動計画作成（9月まで）	●原料カス買取事業のWebページ作成（11月まで） ●比較見積書作成（12月まで） ●同業者へ営業開始（県内）（12月〜）
		運搬用車両購入	社長、営業部長		●車両購入
		ボイラー処理能力アップの補修			●ボイラー補修
改善戦略	ドラッグストア、ディスカウントストア向けNB焼酎の開発販売	ドラッグストア・ディスカウントストア用NB焼酎の開発	社長、杜氏、開発	●試作と内容確定（6月まで）既存商品で対応予定 ●コンセプト、ネーミング・デザインの検討開始（9月まで）	●サンプル完成（10月まで） ●テスト販売用数量生産（11月まで）
		仕様書・企画書の作成	営業		●仕様書・企画書の作成（10月まで）
		問屋を通じてテスト販売（スポット提案）、定番販売	営業		●問屋とドラッグ・ディスカウントのバイヤーへ商談開始（12月〜）

この酒造メーカーが事業再構築補助金を受けて再生するために組み立てたのは、最終的に3つの新戦略でした。

会社名	G 酒造
作成日時	

2022 年度実施事項		2023 年実施事項	
上半期 (4-9)	下半期 (10-3)	上半期 (4-9)	下半期 (10-3)
→（矢印）			
●冬商談会で新定番として提案	●夏商談会で新定番として提案	●冬商談会で新定番として提案	●冬商談会で新定番として提案
→（矢印）			
	●販促イベント実施（蔵開き時に芸能人を起用）		●販促イベント実施（蔵開き時に芸能人を起用）
●同業者へ営業開始（県内・県外）→（矢印）			
●冬商談会で新定番として提案	●夏商談会で新定番として提案	●冬商談会で新定番として提案	●夏商談会で新定番として提案

- ●炭酸サワー系焼酎の開発
- ●原料カス受託事業
- ●ドラッグストア・ディスカウントストアへの NB 販売

　これは、クロス SWOT 分析で抽出された戦略案をもとに、こちらからヒアリングしながら、時に他社事例のヒントを出しながら経営幹部を交えまとめ上げたものです。

　「炭酸サワー系焼酎」の戦略を行動プロセスに落とし込む時、実行計画で「何月までに何をする」と書き込みたくなります。そういうプロセスでは必ず漏れが出て、途中で辻褄が合わなくなります。そこで、この酒造メーカーでは次の段取りで議論をしました。

- ●「これまで、商品開発から販売に至るまで、どういう工程で行ってきたか教えてください」と、一つずつ聞きながらフォームに書き込む
- ●このケースでは、クロス SWOT 分析の「積極戦略」で必要行動がある程度書かれているので、それを工程に書き込むだけでもよい
- ●相手が言った行動内容について、「そんなことをすぐ実行できるのだろうか？」と疑問に思ったら、多少経験は必要だが、「御社の場合、○○する時、◇◇の準備は必要ないですか？　あるメーカーでは過去そうしたものですから」と言って、ヒントを出す
- ●ヒントを出す経験と知識がないなら、「それって、そんなにすぐできるんですか？　事前の準備がないとできないことはありませんか？」とシンプルに質問してみる
- ●多くの中小零細企業ではこの「事前準備」が不足しているので、行動が継続しない場合が多い

　行動プロセスのロードマップと、収支計画が連動していることが大事です。この酒造メーカーのケースでも、出来上がったロードマップの議論の結果を見た営業部長は、自分で意見を言っておきながら、「これじゃ今年は寝られないなあ。やることが多すぎて体を壊すよ」と本気とも冗談ともとれるような発言をしていました。

　しかし、通常業務を行いながら、多角化や新戦略を同時並行するとは、そういうことなのです。**行動の選択と集中、断捨離をしないと持続できないでしょう。**

　そして、行動プロセスで大事なことは、この行動プロセスによって、「これならやれそうですね」という感触をつかんでもらうことです。

　クロス SWOT 分析や収支計画表の段階では、まだ行動の実感が湧きません。この行動プロセスから、「行動量」や「仕掛け」「段取り」が否が応でも見えてきます。

2. 単年度アクションプランの作成

次に、中期ロードマップから、当該年度の具体的な行動計画を策定します。

ここでのイメージは、ロードマップに描いたことをより具体化するため、「○月の□□会議で、◇◇を報告」という記載になります。

そうすることで、その結果をモニタリングしていこうというものです。

(1) アクションプラン、モニタリングの重要性

これまで作成してきたクロスSWOT分析による戦略立案、中期収支計画、ロードマップはかなり具体的なものですが、それでもまだ、現在のところ「絵に描いた餅」です。これを実際に食べる餅にしなければなりません。

それが詳細なアクションプランとモニタリングです。

特に中小零細企業では「チェックして、行動修正しないと動かない」ケースが多いようです。補助金が出て最初は勢いよく動き出しても、なかなか成果が出ないと、途中で挫折する経営者が多いのではないかと懸念しています。

「卒業枠」のように「正当な理由なく目標未達の場合、返金もありうる」となっているなら、かなり本気で取り組まなくてはなりません。

「通常枠」には年次報告義務があるようですが、そこまで厳しくありません。忘れてならないのは、この補助金の主旨が持続性ある事業多角化や、新戦略で生産性を上げるためのサポートであるということです。

継続するためには、モニタリングは欠かせません。それをサポートしていくのが認定支援機関ではないでしょうか。

次ページにアクションプランのフォームを掲載しました。これは私たちがいつも使っているフォームです。

このフォームの書き方は次のとおりです。

- Ⅰは「経営スローガン」。社員皆でベクトルを合わせる言葉を選択し、社内に掲示したり、朝礼で読み上げをする場合もある
- Ⅱは「クロスSWOT分析」「中期収支計画表」での重要戦略や重点具体策を簡潔に書く
- Ⅲ「重点具体策実行スケジュール」は、①「重点具体策」には、Ⅱに記載されている具体策から転記する
- ②の重点具体策の段取りでは、中期ロードマップからの当該年度の行動詳細を転記する
- ⑤四半期単位の行動計画は、行動項目のそれぞれのチェック予定月やチェックする会議名、担当者まで書き出す
- 「結果」欄には、実際の会議での議事結果や修正行動予定を書く
- 新たな行動予定が追加されたら、当該月か次の四半期に追記していく

（　　）年度　事業再構築　アクションプラン（モニタリング用）

Ⅰ　事業再構築　経営スローガン
（目指したい姿の一言集約　「～しよう」）

Ⅲ　今期の重点具体策実行スケジュール

	①重点具体策	②重点具体策を実行するために必要な準備、段取り、詳細内容〈具体的に行動内容が見えるような表現。誰がいつまでにどのように〉	③誰が行うまたは担当部門	④いつまでに形にする（最終期限）
1				
2				
3				
4				
5				

Chapter I
Chapter II
Chapter III
Chapter IV
Chapter V
Chapter VI
Chapter VII
Chapter VIII
Chapter IX
Chapter X

会社名	
作成日時	

Ⅱ　今期の戦略実施項目と具体策
（クロス SWOT 分析による新戦略の具体策と中期収支計画より）

1	
2	
3	
4	
5	

⑤各期中に、何をどこまで進めるのか、何をアウトプットするか
（確認予定日、会議名、担当者名などの詳細を記入）

	第1四半期 　年　月～　　年　月	第2四半期 　年　月～　　年　月	第3四半期 　年　月～　　年　月	第4四半期 　年　月～　　年　月
予定				
結果				
予定				
結果				
予定				
結果				
予定				
結果				
予定				
結果				

各期中に、何をどこまで進めるか、何をアウトプットするか（確認予定日、会議名、担当者名などの詳細を記入）

「予定」の結果を記入（同時に予定どおりにいっていない場合は、その対処策も記入）

(2) アクションプランの書き方（酒造メーカーの例）

　先ほどの酒造メーカーのケースで、中期ロードマップから落とし込まれた単年度アクションプランを見ていきましょう。

（　　）年度　事業再構築　アクションプラン（モニタリング用）

Ⅰ　事業再構築　経営スローガン
　（目指したい姿の一言集約　「〜しよう」）

新戦略で復活、G 酒造

Ⅲ　今期の重点具体策実行スケジュール

	重点具体策	重点具体策を実行するために必要な準備、段取り、詳細内容〈具体的に行動内容が見えるような表現。誰がいつまでにどのように〉	誰が行うまたは担当部門	いつまでに形にする（最終期限）
1	炭酸サワー系焼酎の独自ブランドの開発販売	製品開発準備（試作とテイスト決定、営業計画、瓶詰め業者、ラベルデザイン発注等）	社長、杜氏、開発	2021 年 10月まで
		販促対策（試飲会イベント・地元ファンクラブ等）	社長、営業	
		Web、SNS、動画コンテンツ対策	社長、開発	
		販促活動、バイヤー提案、店頭販売	社長、営業	
2	原料カス受託事業	市場調査（同業者へ原料カスの状況把握）	社長、営業部長	
		事業計画とマーケティング対策	社長、営業部長	
		運搬用車両購入	社長、営業部長	
		ボイラー処理能力アップの補修	社長、工場長	
3	ドラッグストア、ディスカウントストア向け NB 焼酎の開発販売	ドラッグストア、ディスカウントストア用 NB 焼酎の開発	社長、杜氏、開発	
		仕様書、企画書の作成	営業	
		問屋を通じてテスト販売（スポット提案）、定番販売	営業	
4				

Chapter I

Chapter II

Chapter III

Chapter IV

Chapter V

Chapter VI

会社名	G酒造
作成日時	

Ⅱ 今期の経営具体策と戦略実施項目
（クロスSWOT分析での具体策と中期ロードマップより）

1	炭酸サワー系焼酎の独自ブランドの開発販売
2	原料カス受託事業
3	ドラッグストア、ディスカウントストア向けNB焼酎の開発販売
4	
5	

	各期中に、何をどこまで進めるのか、何をアウトプットするか（確認予定日、会議名、担当者名などの詳細を記入）			
	第1四半期 2021年4月〜6月	第2四半期 2021年7月〜9月	第3四半期 2021年10月〜12月	第4四半期 2022年1月〜3月
予定	●大手問屋、商社へ瓶詰め業者紹介依頼（社長）4月 ●瓶の形式決定（6月）	●サワーのコンセプト決定（7月まで） ●試作試飲開始（8月〜） ●瓶詰め業者と条件交渉（8月まで） ●SNS広告計画、コンテンツ配信計画の作成（8月まで） ●動画コンテンツ担当の決定（8月） ●販売計画（顧客別・チャネル別）の立案（9月まで）	●テイスト決定（官能検査）（10月） ●瓶ラベルデザイン決定（10月まで） ●ラベル発注（11月） ●秋の蔵開きで試飲会実施 ●ファンクラブを招待して試飲会（11月） ●毎週動画、インスタ、クラブハウス配信開始（10月〜） ●企画書とサンプルをもってバイヤー営業開始（10月〜） ●スポット特売の提案開始（10月〜）	
結果				
予定		●同業者へ原料カスの状況調査（9月まで） ●事業の詳細な営業行動計画作成（9月まで）	●車両購入（10月） ●ボイラー補修（12月） ●事業のWebページ作成（11月まで） ●比較見積書作成（12月まで） ●同業者へ営業開始（県内）（12月〜）	●同業者へ営業開始（県外含む）
結果				
予定	●試作と内容確定（6月まで）既存商品で対応予定	●コンセプト、ネーミング、デザインの検討開始（9月まで）	●サンプル完成（10月まで） ●テスト販売用数量生産（11月まで） ●仕様書、企画書の作成（10月まで） ●問屋と同行して、ドラッグストア・ディスカウントストアのバイヤーへ商談開始（12月〜）	●夏商談会で新定番として提案
結果				
予定				
結果				

本来なら、3つの新戦略以外にも、通常の経営努力の項目が並んでいるはずですが、今回は事業再構築・事業計画書に絞っているので、3つの新戦略のアクションプランに限定しています。

　中期ロードマップで具体的に初年度の行動プロセスを決めたので、このアクションプランはあまり時間をかけずに作成できました。

　問題はこれからの実際の行動と検証です。

　このフォームに事業再構築に関する議題の会議結果を記載し、随時チェック＆コントロールしていきます。このモニタリングを行うのも、認定支援機関である会計事務所の責務かもしれません。当然、一緒に取り組むので、相応の費用を請求してもよいと思います。

　今回の事業再構築補助金の事業計画書にも、こういう議論の結果を書式に合わせて転載すればよいでしょう。

　このような面倒なことをせずに、最初から申請書の事業計画フォームに書き出すケースもあるでしょうが、しっかりとロジックを合わせるためには、このようなプロセスを経て作成するほうが、「根拠性」がより鮮明なので、説得力が出てくるのではないでしょうか。

事例解説

― 部品加工業 ―

クロス SWOT 分析から中期収支計画、
ロードマップ作成までのプロセス

1. クロスSWOT分析の全体像

本章では、ある部品加工業での「新分野展開」の事業再構築補助金を視野に入れて、

事業再構築 クロスSWOT分析検討用記入シート

会社名	㈱○○パーツ加工産業		
部門・チーム名			
メンバー名	社長	専務取締役	営業部長
事業名・商材名	表面処理部門		
主要課題	●自動車納入先の受注激減（ピーク2,140万円/月⇒500万円/月） ●表面処理業者がピーク時の1/3に、近隣の同業者でも半分に（できる業者が減少→ニーズが増える）		

※140～141ページに拡大表示

		「強み」（S）…「機会」に使える固有の経営資源
顧客資産		●今の顧客や特定顧客をどう活かせば、新たな可能性が開ける ●今の顧客に新たに提案できそうなジャンル
商材資産		●今の商品・商圏・販売権を活用して、新たな販売先やチャネル開拓など ●今の商品に追加することで、さらに広がる可能性
人財・技術資産		●差別化に少しでも使えそうな従業員が持っている固有技術や技能（顧客が喜ぶなら趣味でも可） ●他社と比較して、見方を変えればPRできそうな人財、組織
設備・機能資産		●設備機器、不動産、動産などで使い方第では有効なもの ●これまでは不良資産扱いでも、見方を変えれば有効利用できうなもの

					組み合わせ番号	【積極戦略】…自社の強みを活かして差別化し、

「機会」（O）…今後求められるニッチ市場、費用を払ってでも求めてくる顧客のニーズ

No.	深掘りする質問	どんな顧客か（特性）	具体的にどんなニーズがあるか	なぜそういうのか、何が要因か（具体的に）
1	B.Cランク客の具体的なニーズ	●制御盤業者	●制御盤屋が自社で銅板部品を作りたくないので、一連の処理のできる外注先を探している	●メーカー側の設備投資も大きいので、自社投資をしたくない
2	予期せぬ成功・新たな可能性	●医療機器メーカー	●医師とのタイアップや機器開発の話が来ている。しかも処理済み部品で品質維持のニーズ	●メーカーが既存下請の品質に不満がある。試作で医師の細かな要望に対応できることがわかった
3	既存客・新規見込み客が使う上でいら立っていること（困りごと）	●半導体製造装置	●半導体の処理スピードが上がることで熱を持ち、耐熱処理が求められる	●需要が高まっているが、首都圏の人件費では採算が合わず、この地域でコストダウンしたいというニーズがある
4	そこまで要求しないから、もっと低価格のニーズ			
5	オカネを払うから、もっとここまでしてほしいニーズ	●精密機械加工	●非表面処理で納入していたら、機械部品の表面処理加工の要請が増えている	●精密機械部品加工業者に、表面処理加工で納入するようティア1から要請が増えている（表面処理加工済み部品を求める傾向が増える）
6	新しいビジネスモデルでの要望	●全国の小口ユーザー	●一品生産や少量表面処理のニーズが増える	●Webで少量生産・一品生産の発注依頼が増える

「機会」欄左側に縦書き：外部環境

組み合わせ番号	
5-H	参入する分野・取扱う新商材（仮称） 新分野でターゲットにする顧客特性やフォーカスする顧客 新分野でのターゲットの具体的なニーズ 新分野での既存他社とは違うUSP 営業方法、販売チャネルと売り方 販売に必要なツール、PR、広告投資等 おおよその単価と年間販売数量、事業規模、概算売
2-C	●半導体製造装置メーカーの多くが電気表面処理のトラブルを抱え、貴金属無通電処理が求められている（全国の装置業への無通電処理を提供） ●全国の装置業者リストへ動画情報の提供で引き合い促進 ●○○○処理業者は全国で少数

「脅威」（T）…すでに起こっている外部環境の悪化、これから起こる可能性の高い市場の変化と悪化予測

No.	既存客・既存市場・攻めている市場・顧客	悪化・変化の具体的兆候
〈1〉	生産面での規制強化	●環境規制があり廃水処理が厳しくなっていく ●大手メーカーは環境対応等、水準が厳しくなっている
〈2〉	海外調達が進む	●メーカー、メーカーの下請けが価格が安い海外での調達を増やしている（納期と品質が求められる部品のみ国内メーカーに発注するため、全体のパイが減少）
〈3〉	工作機械の3D化、AI化で外注に任せずとも高品質が実現	●これまで当社が得意としてきた複雑形状の表面処理や被膜塗装が3D技術とAIにより、外注せずに内製化する可能性がある（内製化でコスト削減に動く）

組み合わせ番号	【差別化戦略】…自社の強みを活かして
	●買収・提携などのポジティブ戦略（どこと、どのように） → どこと / 何を、どんなカタチで / その具体的なメリット
	●撤退・売却などのネガティブ戦略（どこと、どのように） → どこと / 何をどんなカタチで / その具体的なメリット

クロス SWOT 分析～指針適合性チェック～中期収支計画～ロードマップ作成までのプロセスについて紹介します。まず、クロス SWOT 分析の全体像を見ましょう。

※ 138 ～ 139 ページに拡大表示

作成日 [　　]

内部要因

業界やマーケットで同業者と比較して)	「強み」の価値転換・多角的活用		「弱み」(W) … 「機会」をつかみにいけない具体的に不足している経営資源
● 「ニッケル処理」の技術があるので、制御盤業者が自社で銅板部品を作りたくないことから、ニッケル処理外注先を探している	● 全国的に制御盤業者は銅板部品を自前からアウトソーシングに移行しているので、全国販売が可能(〇〇の回路業者がニッケル処理の業者を探している)	a	
● ISO などの認証をたくさん取得している	● 品質や製品の管理が的確に行われており、信頼につながる	b	
● 環境負荷の小さい工法を開発	● 環境面に厳しい大手企業や医療機器メーカーにアピールできる	c	
● 精密機器、精密工業の基盤接合部分の引き合い(精密工業⇒ A 社⇒地域の機械加工⇒自社)メリットは横持がない	● 半導体基板の発注は増えていく(東京の人件費が高騰して、この地域でコストダウンしたいというニーズが増える)	d	
● 基準が厳しい〇〇〇〇を認証取得しているので、大手にも認められる品質管理をしている	● 厳しい認証をクリアして、医療機器、原子力発電、タービンなどの機器の表面処理の提案ができる	e	
		f	
● 表面処理の膜厚計、各種膜厚計、〇〇〇〇試験機、電子顕微鏡がそろっているので、精密な表面処理ができる	● 表面処理検査機材がそろっているので、品質保証を裏付けるデータを製品につけて出荷することで高品質のアピールと信頼性を高めたい	g	
● 亜鉛表面処理、ニッケル処理、無通電処理は自動化されており、短納期、高品質が実現している	● 無通電処理を使った EV の駆動システムが普及すれば、売上が増える	h	

うに伸ばしていく対策。また積極的に投資や人材配置して、他社との競合で優位に立つ戦略		組み合わせ番号	【改善戦略】… 「機会」をつかむために強化する具体的な経営資源と戦略
●精密機械・医療機器部品メーカーに対して、「処理済み」機械部品の安定供給			● 「弱み」さえなければ、強化したいターゲットと具体的なニーズ
●全国の機械部品製造の医療機器業者(組合、団体からリスト収集)			● 「機会」をつかみに行けない自社の致命的な「弱み」の原因
●部品加工業者に、表面処理加工に納入するようティア 1 から要請が増えている(表面処理加工済み部品を求める傾向が増える) ●工作組立加工業者が困る不良率がほぼゼロ			誰が・どの部門が
●既存の〇〇表面処理、ニッケル処理、無通電処理は自動化されており、技術的に短納期、高品質が実現できる(表面処理の膜厚計、〇〇〇〇膜厚計、〇〇〇〇試験機、電子顕微鏡の品質チェック体制を訴求) ●未対応の表面処理については、設備投資が必要		● 何をどうやって「弱み」を克服するか	何を
●精密機械加工業者リスト先に自社 PR の DM を出す(引合が来るように、動画で生産現場と技術を見せる QR コードを張る)…表面処理の膜厚計、各種膜厚計、〇〇〇試験機、電子顕微鏡の品質チェック体制			どうやって
●技術動画の撮影編集の外注先へ依頼 ● Web ページへの動画情報の記載 ●工場視察に来てもらうために、全国へ営業			※ 144 ～ 145 ページに拡大表示

	販売数量	平均単価	売上概算	必要投資・経費	必要人員数
初年度(2021 年)	1 社× 20 t/社× 12 か月 = 240 t の半分	100 円/kg	1,200 万円	・動画と編集外注費 100 万円 ・精密加工専用表面処理ライン増設= 5,000 万円(償却費 720 万円) ・500 万円× 4 人= 2,000 万円(人件費)	4 人増員
2 年目	2 社× 20 t/社× 12 か月= 480 t	100 円/kg	4,800 万円	・償却費 720 万円 ・500 万円× 4 人= 2,000 万円(人件費)	4 人体制
3 年目	4 社× 20 t/社× 12 か月= 960 t	100 円/kg	9,600 万円	・償却費 720 万円 ・500 万円× 4 人= 2,000 万円(人件費)	4 人体制
初年度(2021 年)	現在、月 200 万円/社取引 新規金型屋 1 社× 100 万円× 12 か月		1,200 万円	・工場の建て替えと設備の入れ替え= 5,000 万円(償却費 700 万円)	現行
2 年目	150 万円× 3 社× 12 か月		5,400 万円	・償却費 700 万円 ・500 万円× 2 人= 1,000 万円(人件費)	2 人増員
3 年目	150 万円× 5 社× 12 か月		9,000 万円	・償却費 700 万円 ・500 万円× 2 人= 1,000 万円(人件費)	2 人体制

※ 146 ～ 147 ページに拡大表示

年度	2021 年	2022 年	2023 年	2024 年

脅威をチャンスに変えるには何をどうすべきか		組み合わせ番号	【致命傷回避・撤退縮小戦略】…自社の弱みが致命傷にならないようにするにはどうすべきか。またはこれ以上傷口を広げないために撤退縮小する対策は何か
		● 撤退縮小すべき事業分野・商材	何を
			メリット
			リスク
			リスク回避と円滑撤退のための具体策

1. クロス SWOT 分析の全体像　*135*

2. 戦略立案～具体策連動中期収支計画～ロードマップ作成のメソッドとプロセス

　この会社は特殊な表面処理や被膜処理をする事業を行っています。世界的なコロナ禍でティア1の主力納入先（半導体製造装置、精密機械）の生産がダウンし、その影響で直接の取引先であるティア2、ティア3の受注が大幅に減少しました。もともと部品加工技術には定評のある企業ですが、コロナ禍が長期化する中、業績回復の見通しが立たないことから、新たな事業分野への挑戦が必要だということでした。

　その折に事業再構築補助金制度が始まり、「新分野展開」で補助金申請を行うべく、サポートの依頼があった案件です。

　この企業の場合、クロスSWOT分析から中期収支計画、ロードマップを作成している段階では、ようやく「事業再構築指針」が出た頃でした。まだ公募要領は出ていませんでしたが、この3つのフォームに「指針適合性チェック」を加えた4つのフォームを作成したことで、実際に提出する事業計画書も書きやすくなりました。

(1) プロジェクトの概要

> ● 業種：半導体や精密機械向けの特殊部品の表面処理、被膜塗装
> ● 売上：5億9,000万円
> ● 従業員：50名
> ● 検討会参加者：社長、専務、営業部長
> ● 検討時間：15時間（延2日間）
> ● 検討方法：zoomによるTV会議方式で、参加者が画面を共有してコンサルタントがヒアリングしながら文書化

　社長、専務、営業部長が現場や顧客の情報を把握していたことで、検討はスムーズに進みました。また、収支計画作成時には、総務部長にも参加してもらい、財務データと照らし合わせながら進めました。

　「クロスSWOT分析」「指針適合度チェック」「具体策連動中期収支計画」「ロードマップ」の4つのフォームは下記の流れで検討し、文書化していきました。

> ● 特定部門の「強み」を多角的に分析し、他分野へ使える可能性を発掘
> ● 「機会」の詳細なニーズと背景

- クロス SWOT 分析での「積極戦略」で、新製品・新市場ターゲットと USP、マーケティング、数量、売上、設備投資などを具体化
- 事業再構築指針の適合性チェック
- 具体策連動中期収支計画作成
- 中期ロードマップ・アクションプラン作成

(2) 特定部門の「強み」を多角的に分析し、他分野での可能性を発掘

「強み」の分析では、フォームにあるように4つの視点で深掘りをしていきます。

例えば、一番上にある「顧客資産」を聞いたとき、「制御盤業者が自社で銅板部品を作りたくないことから、ニッケル処理外注先を探している」と聞いたことがあるが、我が社にはニッケル処理の技術があるという「強み」が出てきました。

正直、専門用語ばかりで何のことやらさっぱりわかりません。しかし、即座に

- なぜ、制御盤業者は自社で銅板部品を作りたくないのか
- そういうニーズは全国の他の制御盤業者も同じか
- 全国には制御盤業者はどれくらいいるのか

ということを聞き返します。

すると、いろいろな情報を出してくれました。

こうして、「強み」だけでなく、その「強み」が使える他の価値をどんどん聞いて整理していきます。そこで、出た多様な「強み」のうち、

- C＝無通電処理に○○の粉とニッケル□□を△△処理にして、半導体装置に表面処理をする技術がある（製品品質と寸法精度がよくなるメリットがある。全国でも業者が少ない）
- H＝他分野への活用：半導体装置屋は○○が多いが、□□で薄いところから劣化するので、無通電処理のニーズが増える。他の半導体装置会社も同じ課題があるので、全国に営業をかければ取引先拡大になる

このようにCやHの「強み」を、続けて行う「機会」の分析をしてみると、新市場に使える新たな新製品技術であると結論づけました。

「強み」分析の結果は下記のとおりです。

「強み」分析（部品加工業）

	内　部
	「強み」（S）…「機会」に使える固有の経営資源
顧客資産	●今の顧客や特定顧客をどう活かせば、新たな可能性が開けるか ●今の顧客に新たに提案できそうなジャンル
商材資産	●今の商品・商圏・販売権を活用して、新たな販売先やチャネル開拓など ●今の商品に追加することで、さらに広がる可能性
人材・技術資産	●差別化に少しでも使えそうな従業員が持っている固有技術や技能（顧客が喜ぶなら趣味でも可） ●他社と比較して、見方を変えればPRできそうな人材、組織
設備・機能資産	●設備機器、不動産、動産などで使い方次第では有効なもの ●これまでは不良資産扱いでも、見方を変えれば有効利用できそうなもの

要　因		
(業界やマーケットで同業他社と比較して)		「強み」の価値転換・多角的活用
A	●「ニッケル処理」の技術があるので、制御盤業者が自社で銅板部品を作りたくないことから、ニッケル処理外注先を探している	●全国的に制御盤業者は銅板部品を自前からアウトソーシングに移行しているので、全国販売が可能（○○の回路業者がニッケル処理の業者を探している）
B	● ISO などの認証をたくさん取得している	●品質や製品の管理が的確に行われており、信頼につながる
C	●環境負荷の小さい工法を開発	●環境面に厳しい大手企業や医療機器メーカーにアピールできる
D	●精密機器、精密工業の基盤接合部分の引き合い（精密工業⇒ A 社⇒地域の機械加工⇒自社）メリットは横持ちがない	●半導体基板の発注は増えていく（東京の人件費が高騰して、この地域で製作しコストダウンしたいというニーズが増える）
E	●基準が厳しい○○○○を認証取得しているので、大手にも認められる品質管理をしている	●医療機器、原子力発電、タービンなどの機器の表面処理工程受注の提案ができる
F		
G	●表面処理の膜厚計、各種膜厚計、○○○○試験機、電子顕微鏡がそろっているので、精密な表面処理ができる	●表面処理検査機材がそろっているので、品質保証を裏付けるデータを製品につけて出荷することで高品質のアピールと信頼性を高めたい
H	●亜鉛表面処理、ニッケル処理、無通電処理は自動化されており、短納期、高品質が実現している	●無通電処理を使った EV の駆動システムが普及すれば、売上が増える

(3) 現在可能性がある「機会」の詳細なニーズと背景

次に「機会」の分析を行います。

ここで第4章77ページに紹介した8つの「機会」深掘りのコツを活用して聞き出していきます。各質問では、以下のようなことを確認しながら進めました。

> ●誰がそういうニーズを言ったか
> ●何に対して言ったか
> ●なぜ、そんなニーズを言うのか
> ●そのニーズはトレンドか一時的か、その顧客だけの問題か

「機会」分析（部品加工業）

	No.	深掘りする質問	どんな顧客か（特性）
外部環境			「機会」（○）…今後求められるニッチ市場、
	1	B.Cランク客の具体的なニーズ	●制御盤業者
	2	予期せぬ使い方・予期せぬニーズ	●医療機器メーカー
	3	既存客・新規見込み客が使う上でいら立っていること（困りごと）	●半導体製造装置メーカー
	4	そこまで要求しないから、もっと低価格のニーズ	
	5	お金を払うから、もっとここまでしてほしいニーズ	●精密機械加工業
	6	新しいビジネスモデルでの要望	●全国の小口ユーザー

Chapter I
Chapter II
Chapter III
Chapter IV
Chapter V
Chapter VI
Chapter VII
Chapter VIII
Chapter IX
Chapter X

　下記の「機会」分析の結果のように、各ニーズからそれぞれ深掘り質問すると、可能性があぶり出されてきます。しかも、先に「強み」分析をしているので、それを念頭に入れて質問やヒアリングを進めていきます。

　「機会」の分析から抽出された新市場の可能性は、以下のとおりでした。

- ●制御盤企業のニーズ
- ●医療機器メーカーのニーズ
- ●精密機械メーカーの加工済み部品のニーズ
- ●半導体メーカーのニーズ

費用を払ってでも求めてくる顧客のニーズ

具体的にどんなニーズがあるか	なぜそう言うのか、何が要因か（具体的に）
●制御盤屋が自社で銅板部品を作りたくないので、一連の処理のできる外注先を探している	●メーカー側の設備投資が大きいので、自社投資をしたくない
●医師とのタイアップや機器開発の話が来ている。しかも処理済み部品で品質維持のニーズ	●メーカーが既存下請の品質に不満がある。試作で医師の細かな要望に対応できることがわかった
●半導体の処理スピードが上がることで熱を持つので、耐熱処理が求められる	●需要が高まっているが、首都圏の人件費では採算が合わず、この地域で製作しコストダウンしたいというニーズがある
●非表面処理で納入していたところ、機械部品の表面処理加工の要請が増えてきた	●精密機械部品加工業者に、表面処理加工して納入するようティア1から要請が増えている（表面処理加工済み部品を求める傾向）
●一品生産や少量表面処理のニーズが増えている	● Web から、少量生産・一品生産の発注依頼が増えている

(4)「弱み」と「脅威」の検討

　時間の関係上、「弱み」は社内で箇条書きにしてまとめていただくように依頼しました。

　「脅威」は事業計画作成時にも必要なことなので、ポイントのみを聞きました。実際にはもっといろいろあるでしょうが、事業計画作成時に改めて書いてもらえばよいでしょう。この「弱み」や「脅威」は、わざわざ認定支援機関が指導しなくても、ある程度は企業のほうで書いてくれます。

「脅威」(T) …すでに起こっている外部環境の悪化、これから起こる可能性の高い市場の変化と悪化予測		
No.	既存客・既存市場・攻めている市場・顧客	悪化・変化の具体的兆候
〈1〉	生産面での規制強化	●環境規制があり廃水処理が厳しくなっていく ●大手メーカーは環境対応等、水準が厳しくなっている
〈2〉	海外調達が進む	●メーカー、メーカーの下請けが価格が安い海外での調達を増やしている（納期と品質が求められる部品のみ国内メーカーに発注するため、全体のパイが減少）
〈3〉	工作機械の3D化、AI化で外注に任せずとも高品質が実現	●3D技術とAIにより、これまで当社が得意としてきた複雑形状の表面処理や被膜塗装を外注せずに内製化できる可能性がある（内製化でコスト削減に動く）

(5) クロスSWOT分析で出てきた「積極戦略」における新製品、新市場・ターゲットとUSP、マーケティング、数量、売上、設備投資

　「強み」と「機会」から2つの大きな積極戦略が出てきました。

> ●精密機械部品の加工業者への「表面処理加工済み部品」の供給
> ●半導体装置メーカー向けの「表面処理の無通電処理」

Chapter I
Chapter II
Chapter III
Chapter IV
Chapter V
Chapter VI
Chapter VII
Chapter VIII
Chapter IX
Chapter X

　それぞれにターゲット先、ターゲット先の固有ニーズ、USP、マーケティング戦略を決めました。

　どちらも「新市場」であるため、B to Bの見込み客を一から作り上げるという点では、同じようなマーケティング戦略になりました。

　実際に事業再構築補助金の事業計画を作成する場合は、どちらかで行うようになるでしょう。どちらでも「製品の新規性」「市場の新規性」「売上構成比10％」はクリアするので、あとはどれだけ付加価値額が年率3％以上継続するように、顧客開拓と売上を伸ばしていくかにかかっています。

　マーケティング戦略では、今までの代理店経由（ティア2、3経由）の注文だけではなく、Web経由での試作依頼など、直接受注を主力に置きました。

　というのも、すでに現状でも売上の10％はWeb経由での引き合いであり、もっとWebページをしっかり作り込みコンテンツを増やせば、シェア30％以上は可能だと判断しました。

　そのために、動画コンテンツ経費やWeb制作費、広告費なども補助金対象の設備投資に計上しています。

　そして、今までの経験から、商品に付加価値があることから、売上予測では、同業者より少し高めの価格設定にしました。ただし、販売数量は少し控えめにし、新製品が過度な売上構成比にならないように配慮しました。それでも3年後には売上構成比10％以上になるようにしています。

　これらの結果をまとめたのが次ページ以降に掲載した戦略内容です。

　クロスSWOT分析の「積極戦略」をヒアリングしながら文書化して落とし込んでいくときは、フォームに沿って、固有名詞を多用し具体的に細かく聞いて書き出すのがポイントです。

　その時、すでに聞いた「強み」や「機会」を忘れず、「○○の強みをここで活かすには、何をしたらいいですか？」など、ときどき聞き返しながら行うのがコツです。

	【積極戦略】…自社の強みを活かして差別化し、さらに伸ばしていく対策。	
医療機器・精密機械部品の加工業者への「表面処理加工済み部品」の供給	参入する分野・取扱う新商材（仮称）	
	新分野でターゲットにする顧客特性やフォーカスする顧客層	
	新分野でのターゲットの具体的なニーズ	
	新分野の既存他社とは違う USP（細分化したキーワード）	
	営業方法、販売チャネルと売り方	
	販売に必要なツール、PR、広告投資等	
	おおよその単価と年間販売数量、事業規模、概算売上	初年度（2021 年）
		2 年目
		3 年目

Chapter I
Chapter II
Chapter III
Chapter IV
Chapter V
Chapter VI
Chapter VII
Chapter VIII
Chapter IX
Chapter X

また積極的に投資や人材を配置して、他社との競合で優位に立つ戦略
● 精密機械・医療機器部品メーカーに対して、「処理済み」機械部品の安定供給
● 全国の機械部品製造の医療機器業者（組合、団体からリスト収集）
● 部品加工業者に、表面処理加工で納入するようティア1から要請が増えている（表面処理加工済み部品を求める傾向が増える） ● 工作組立加工業者が困る不良率がほぼゼロ
● 既存の〇〇表面処理、ニッケル処理、無通電処理は自動化されており、技術的に短納期、高品質が実現できる（表面処理の膜厚計、〇〇〇〇膜厚計、〇〇〇〇試験機、電子顕微鏡の品質チェック体制を訴求） ● 未対応の表面処理については、設備投資が必要
● 精密機械加工業者リスト先に自社PRのDMを出す（引き合いが来るように、動画で生産現場と技術を見せるQRコード作成）…表面処理の膜厚計、各種膜厚計、〇〇〇試験機、電子顕微鏡の品質チェック体制
● 技術動画の撮影編集の外注先へ依頼 ● Webページへの動画情報の記載 ● 工場視察に来てもらうために、全国へ営業

販売数量	平均単価	売上概算	必要投資・経費	必要人員数
1社 × 20 t/社 × 12か月 = 240 tの半分	100円/kg	1,200万円	● 動画と編集外注費100万円 ● 精密加工専用表面処理ライン増設 = 5,000万円（償却費720万円） ● 500万円× 4人 = 2,000万円（人件費）	4人増員
2社 × 20 t/社 × 12か月 = 480 t	100円/kg	4,800万円	● 償却費720万円 ● 500万円× 4人 = 2,000万円（人件費）	4人体制
4社 × 20 t/社 × 12か月 = 960 t	100円/kg	9,600万円	● 償却費720万円 ● 500万円× 4人 = 2,000万円（人件費）	4人体制

■戦略2

	【積極戦略】…自社の強みを活かして差別化し、さらに伸ばしていく対策。		
半導体装置メーカー向けの「表面処理の無通電処理」の供給	参入する分野・取扱う新商材（仮称）		
	新分野でターゲットにする顧客特性やフォーカスする顧客層		
	新分野でのターゲットの具体的なニーズ		
	新分野の既存他社とは違うUSP（細分化したキーワード）		
	営業方法、販売チャネルと売り方		
	販売に必要なツール、PR、広告投資等		
	おおよその単価と年間販売数量、事業規模、概算売上		初年度（2021年）
			2年目
			3年目

また積極的に投資や人材を配置して、他社との競合で優位に立つ戦略

●半導体製造装置メーカーへ無通電処理（貴金属メッキ）の提案

●全国の装置業者（組合、団体からリスト収集）

●半導体製造装置メーカーの多くが電気表面処理のトラブルを抱え、無通電処理が求められている

●〇〇〇処理技術がある表面処理加工事業者は当社を含め数社だが、ほとんどの事業者が量産ができるティア1の大手〇〇品の表面処理のみで、多品種少量生産の金型メーカーに対して、小口対応ができない。そこを差別化する

●業者リスト先に自社PRのDMを出す（引き合いが来るように、動画で生産現場と技術を見せるQRコードを貼る）…表面処理の膜厚計、各種膜厚計、〇〇〇試験機、電子顕微鏡の品質チェック体制

●技術動画の撮影編集の外注先へ依頼
● Webページへの動画情報の記載
●工場視察に来てもらうために、全国へ営業

販売数量	平均単価	売上概算	必要投資・経費	必要人員数
現在、月200万円/社取引 新規金型屋1社×100万円×12か月		1,200万円	●工場の建て替えと設備の入れ替え＝5,000万円(償却費700万円)	現行
150万円×3社×12か月		5,400万円	●償却費700万円 ● 500万円×2人＝1,000万円（人件費）	2人増員
150万円×5社×12か月		9,000万円	●償却費700万円 ● 500万円×2人＝1,000万円（人件費）	2人体制

(6) 事業再構築補助金「指針」との適合性チェック

　クロス SWOT 分析で固有の積極戦略が出てきたら、それが今回の事業再構築補助金の「指針」に適合しているかのチェックが必要です。
　チェック項目は、「新分野展開」の場合で 10 項目あります。

■戦略 1

分野		チェック項目	該当
新分野展開（強み・経営資源を使って新たな挑戦）	製品等の新規性要件	①過去に自社において製造等した実績がないこと	☑
		②製造等に用いる主要な設備を変更すること	☑
		③競合他社の多くがすでに製造等している製品等ではないこと	☑
		④定量的に性能または効能が異なること	☑
		⑤「既存の製品等の製造量等を増やす場合」ではないこと	☑
		⑥「既存の製品等に容易な改変を加えた新製品等を製造等する場合」ではないこと	☑
		⑦「既存の製品等を単に組み合わせて新製品等を製造等する場合」ではないこと	☑
	市場の新規性要件（既存商品を新市場に）	①既存製品等と新製品等の代替性が低いこと（新製品等を販売した際に、既存製品等の需要の多くが代替されることなく、売上が販売前と比べて大きく減少しないこと）	☑
		②「既存の製品等の市場の一部のみを対象とするものである場合」ではないこと	☑
		③既存製品等と新製品等の顧客層が異なること（任意要件）	☑
	10%要件	①補助事業終了後、3〜5年間の新たな製品等の売上高が総売上高の10%以上となる計画を策定すること	☑
	付加価値額要件	補助事業終了後、3〜5年間で付加価値額が年率平均3.0%以上増加	☑

チェック箇所に○が付いていないと、根本的に今回の補助金対象事業と認められません。したがって、万一△や×が付いた場合、再度クロスSWOT分析にもどって、戦略を一から検討しなおすことが必要です。

　それでは、1つ目の戦略、医療機器・精密機械部品の加工業者に向けた「表面処理加工済み部品」の供給についての指針の適合性チェックをしてみます。

【戦略名】医療機器・精密機械部品の加工業者に向けた「表面処理加工済み部品」の供給
●ニッケル亜鉛表面処理は耐蝕性があり、精密機械部品に向いている ●これまで製造実績はないが、ニッケル亜鉛表面処理メーカー出身の社員が入社し、この技術が使えるようになった
●新たに精密機械部品用自動表面処理装置が必要（設備撤去で5,000万円が必要） ●直需営業をするため、動画マーケティングなどのオンライン営業経費がかかる
●この圏域には精密機械部品の加工業者が増えているが、表面処理加工済み部品を提供する業者はいない
●耐蝕性が圧倒的によくなるため（特に塩害）、部品が長持ちし、精密機械メーカーが表面処理加工済み部品を求めてくる（すでに高級機種で精密機械メーカーが使用しているので、今後さらに増える）
●全く新たな製品開発である
●全く新たな製品開発であり、一から設備投資をする必要がある
●全く新たな製品開発であり、一から設備投資をする必要がある
●新商品と新分野での顧客開拓であるため。既存の表面処理、溶接、研磨の売上が下がることはない
●全く異なる市場である
●既存の表面処理製品の顧客と、精密機械部品業者とは全く異なる顧客である
●5年後、5社と20 t/社の取引をする計画で、9,000万円の売上が見込め、売上比率も10%を超える
●2025年度は2021年度比で約36%伸びている（戦略1、2合計）

続けて2つ目の戦略についても、指針との適合性をチェックしてみます。

■戦略2

分野		チェック項目	該当
新分野展開（強み・経営資源を使って新たな挑戦）	製品等の新規性要件	①過去に自社において製造等した実績がないこと	☑
		②製造等に用いる主要な設備を変更すること	☑
		③競合他社の多くがすでに製造等している製品等ではないこと	☑
		④定量的に性能または効能が異なること	☑
		⑤「既存の製品等の製造量等を増やす場合」ではないこと	☑
		⑥既存の製品等に容易な改変を加えた新製品等を製造等する場合」ではないこと	☑
		⑦「既存の製品等を単に組み合わせて新製品等を製造等する場合」ではないこと	☑
	市場の新規性要件（既存商品を新市場に）	①既存製品等と新製品等の代替性が低いこと（新製品等を販売した際に、既存製品等の需要の多くが代替されることなく、売上が販売前と比べて大きく減少しないこと）	☑
		②「既存の製品等の市場の一部のみを対象とするものである場合」ではないこと	☑
		③既存製品等と新製品等の顧客層が異なること（任意要件）	☑
	10%要件	①3～5年間の事業計画期間終了後、新たな製品等の売上高が総売上高の10%以上となる計画を策定すること	☑
	付加価値額要件	補助事業終了後、3～5年間で付加価値額が年率平均3.0%以上増加	☑

（7）具体策連動中期収支計画の作成

ここまでクロスSWOT分析を行い、新戦略の中身や業績貢献の内容を整理してきました。また、事業再構築補助金の指針の適合性チェックもクリアしました。

Chapter I

Chapter II

Chapter III

Chapter IV

Chapter V

Chapter VI

Chapter VII

Chapter VIII

Chapter IX

Chapter X

【戦略名】半導体装置メーカー向けの「無通電表面処理」(合金表面処理) の供給
●過去、1社の部品型枠業者へ試作納入はした経験があるが、継続ビジネスにはなっていない ●無通電表面処理を開発した化学メーカーと業務提携をしており、製造技術がすでにある
●専門の表面処理槽を新たな設置 ●前処理から後処理までのライン設置、老朽化と作業効率の悪い既存の無通電表面処理工場を撤去し建て替える (5000万円の設備投資)
●関東、中京、関西には無通電表面処理の供給業者はいるが、当社は自動化されており、短納期、高品質で差別化ができる
●無通電表面処理は、電気表面処理と比べて「表面処理精度が均一」「部品型枠の耐蝕性がよくなる」 ●部品型枠の不良率削減と製品の高品質化が進むので、同業他社との差別化になる
●全く新たな製品開発である
●全く新たな製品開発であり、一から設備投資をして開発が必要
●全く新たな製品開発であり、一から設備投資をして開発が必要
●既存製品の生産量とは関係ない
●表面処理の中でも、無通電表面処理である合金表面処理の新たな開発である
●対象ユーザーが従来とは異なる
● 2023年には5社との取引で9000万円が見込め、売上比率も10%を超える
● 2025年度は2021年度比で約36%伸びている (戦略1、2合計)

　　　次は、新戦略の具体策及び、それに連動して具体的な数字を入れた収支計画を組み立てます。収支計画の書き方は、第6章で解説したので、その考え方と手順に沿って記載します。次ページの表をご覧ください。

クロス SWOT 分析の「戦略」「具体策」を反映した【具体策連動中期収支計画表】

(単位：千円)

種別・部門		昨年実績	破局のシナリオでの3年後の数値	2021年度予想収支	2022年度予想収支	2023年度予想収支	2024年度予想収支	2025年度予想収支
既存売上	表面処理	260,000		200,000	220,000	230,000	240,000	250,000
	被膜処理	170,000		180,000	190,000	200,000	210,000	220,000
	溶接	180,000		180,000	160,000	155,000	160,000	160,000
	その他売上	50,000		30,000	40,000	40,000	40,000	40,000
新戦略売上	戦略1 医療機器・精密機械部品メーカー向け「表面処理加工」	0		12,000	48,000	96,000	96,000	96,000
	戦略2 半導体装置メーカー向け「無通電表面処理」	0		12,000	54,000	90,000	90,000	90,000
売上合計		660,000		614,000	712,000	811,000	836,000	856,000
原価	材料費（仕入）	66,000		61,400	85,440	97,320	100,320	102,720
	労務費	290,000		280,000	290,000	335,000	335,000	335,000
	外注費	30,000		9,210	10,680	12,165	12,540	12,840
	その他経費（電力、ガス、燃料、減価償却、修繕、リース料、消耗品他）	200,000		187,200	237,200	264,400	264,400	264,400
	原価計	586,000		537,810	623,320	708,885	712,260	714,960
粗利合計		74,000		76,190	88,680	102,115	123,740	141,040
平均粗利率		11.2%		12.4%	12.5%	12.6%	14.8%	16.5%
販売費及び一般管理費	役員報酬	18,200		14,500	14,500	14,500	14,500	14,500
	人件費（給与、賞与）	9,300		9,300	9,300	9,300	9,300	9,300
	法定福利費	4,000		3,800	3,800	3,800	3,800	3,800
	雑給	9,000		9,000	9,000	9,000	9,000	9,000
	旅費交通費	1,100		2,200	2,200	2,200	2,200	2,200
	事務用品費	2,200		2,200	2,200	2,200	2,200	2,200
	通信交通費	2,800		2,800	2,800	2,800	2,800	2,800
	租税公課	570		570	570	570	570	570
	接待交際費	500		1,200	2,400	2,400	2,400	2,400
	保険料	9,200		9,200	9,200	9,200	9,200	9,200
	車両費	3,500		3,500	3,500	3,500	3,500	3,500
	諸会費	1,200		1,000	1,000	1,000	1,000	1,000
	賃借料（リース料）	5,300		5,300	5,300	5,300	5,300	5,300
	研修指導料（製造コンサルタント）	4,000		4,000	4,000	4,000	4,000	4,000
	雑費（広告、Web、手数料等）	12,600		14,000	20,000	20,000	20,000	20,000
	減価償却費	4,600		4,600	4,600	4,600	4,600	4,600
販売費及び一般管理費合計		88,070		87,170	94,370	94,370	94,370	94,370
営業利益		− 14,070		− 10,980	− 5,690	7,745	29,370	46,670
営業外	営業外収益	4,100		4,100	4,100	4,100	4,100	4,100
	営業外費用	21,600		21,600	21,600	21,600	21,600	21,600
経常利益		− 31,570		− 28,480	− 23,190	− 9,755	11,870	29,170

Chapter
I

Chapter
II

Chapter
III

Chapter
IV

Chapter
V

Chapter
VI

Chapter
VII

Chapter
VIII

Chapter
IX

Chapter
X

各戦略での概算数値（売上・原価・経費）整理		
クロス SWOT 分析による戦略の具体策から導き出される売上概況・内容 （新商材・新規チャネル等の売上増や既存商材の売上減等）		新たに増減する売上高
〈1〉 半導体の表面処理	● 2020 年から下落し、2021 年が 30％ダウンで底。2022 年で回復し、2024 年に 2019 年並みになる	
〈2〉 半導体の被膜処理	● 半導体需要が 2023 年まで低迷	
〈3〉 溶接	● ○○の溶接は 2021 年から回復基調で横ばい ● 公共工事減額で建築売上が下がる	
〈4〉 その他売上	● 2022 年から医療機器・精密機械部品受注が増える	
〈5〉 医療機器・精密機械部品メーカー向け表面処理加工	● 2021 年＝ 1,200 万円（1 社× 20 t / 社× 12 か月＝ 240 t の半分） ● 2022 年＝ 4,800 万円（2 社× 20 t / 社× 12 か月＝ 480 t） ● 2023 年＝ 9,600 万円（4 社× 20 t / 社× 12 か月＝ 960 t）	
〈6〉 半導体装置メーカー向け無通電表面処理	● 2021 年＝現在、月 200 万円 / 社取引　新規建て屋 1 社× 100 万円× 12 か月 ● 2022 年＝ 3 社× 150 万円× 12 か月 ● 2023 年＝ 5 社× 150 万円× 12 か月	
クロス SWOT 分析による戦略の具体策に該当する仕入または粗利に関する概況・内容 （新商材・新規チャネル等で発生する原価や仕入、既存商材の売上ダウンに伴う仕入減、または粗利率の変動も含む）		新たに増減する原価・仕入
(1) 材料費（消耗品）	● 2021 年から○○材が 20％アップ	
(2) 労務費	● 2019 年から 10 名に（非正規削減済み） ● 表面処理加工済み医療機器・精密機械部品が増えることで 2022 年から工場増員(5 名＝プラス 2,500 万円) ● 半導体装置向け新無電解表面処理商品で 5,000 万円を超えたら、2 名増員（プラス 1,000 万円）	
(3) 減価償却費	● 表面処理加工済み医療機器・精密機械部品専用ライン（年間 720 万円） ● 半導体装置向け新無電解表面処理工場建屋＋生産ライン増設 5,000 万円（年間償却費 720 万円）	
(4) その他経費	● 2019 年比で売上が 12％減少するので、それに合わせて減少	
クロス SWOT 分析による戦略の具体策に該当する経費支出・削減の科目と額に関する科目、およびその概況と内容 （新対策で新たに増減する人件費、経費、減価償却費も含む）		新たに増減する経費
〈1〉 役員報酬	● 2019 年比 350 万円減額	
〈2〉 広告費	● 半導体装置の全国営業用 Web ページ、動画、広告費　2021 年度から発生	
〈3〉 新規開拓用経費	● 販促経費（50 ⇒ 100 万円）　● 旅費交通費（110 ⇒ 220 万円） ● 接待交際費（50 ⇒ 240 万円）雑に含まれる	
〈4〉		

科目別に拡大したものを掲載しますので、一つずつ見ていきましょう。

まず、売上計画とその根拠が下に記載されています。根拠はクロス SWOT 分析によって抽出されたものに追加しました。

【具体策連動中期収支計画表】「予想売上」の内容

	種別・部門	昨年実績	破局のシナリオでの3年後の数値	2021 年度予想売上	
既存売上	表面処理	260,000		200,000	
	被膜処理	170,000		180,000	
	接合	180,000		180,000	
	その他売上	50,000		30,000	
新戦略売上	医療機器・精密機械部品加工業者への「表面処理加工部品」の供給	0		12,000	
	半導体装置メーカー向けの「表面処理の無通電処理」	0		12,000	
売上合計		660,000		614,000	

		クロス SWOT 分析による戦略の具体策から導き出される売上概況・内容
〈1〉	半導体の表面処理	● 2020 年から下落し、2021 年が 30%ダウンで底。2022 年から回復し、● 半導体需要が 2023 年まで低迷
〈2〉	半導体の皮膜処理	
〈3〉	溶接	● ○○の溶接は 2021 年から回復基調で横ばい ● 公共工事減額で建築売上が下がる
〈4〉	その他売上	● 2021 年から医療機器・精密機械部品受注が増える
〈5〉	医療機器・精密機械部品加工業者への「表面処理加工部品」の供給	● 2021 年= 1,200 万円（1 社× 20 t/ 社× 12 か月= 240 t の半分） ● 2022 年= 4,800 万円（2 社× 20 t/ 社× 12 か月= 480 t） ● 2023 年= 9,600 万円（4 社× 20 t/ 社× 12 か月= 960 t）
〈6〉	半導体装置メーカー向けの「表面処理の無通電処理」	● 2021 年=現在、月 200 万円 / 社取引　新規建て屋 1 社× 100 万円 ● 2022 年= 3 社× 150 万円× 12 か月 ● 2023 年= 5 社× 150 万円× 12 か月

Chapter
I

Chapter
II

Chapter
III

Chapter
IV

Chapter
V

Chapter
VI

Chapter
VII

Chapter
VIII

Chapter
IX

Chapter
X

　2021 年度は、既存事業の売上が低下していることや、新規事業がまだ緒についたばかりで、全体の売上は昨年度よりも下がっています。しかし、2022 年度以降は新規事業が軌道に乗って、以後年々売上が上昇していきます。

（単位：千円）

2022 年度予想売上	2023 年度予想売上	2024 年度予想売上	2025 年度予想売上
220,000	230,000	240,000	250,000
190,000	200,000	210,000	220,000
160,000	155,000	160,000	160,000
40,000	40,000	40,000	40,000
48,000	96,000	96,000	96,000
54,000	90,000	90,000	90,000
712,000	811,000	836,000	856,000

（新商材・新規チャネル等の売上増や既存商材の売上減等）	新たに増減する売上高
2024 年に 2019 年並みになる	
×12 か月	

次に、原価と粗利の計画とその根拠です。

新規事業にともなう人員の増加は「労務費」で計上しています。

【具体策連動中期収支計画表】「原価」と「粗利」の内容

	科目	昨年実績	破局のシナリオ (3〜5年後の数値)	2021年度予想収支
原価	材料費（仕入）	66,000		61,400
	労務費	290,000		280,000
	外注費	30,000		9,210
	その他経費（電力、ガス、燃料、減価償却、修繕、リース料、消耗品他）	200,000		187,200
	原価計	586,000		537,810
粗利合計		74,000		76,190
平均粗利率		11.2%		12.4%

		クロスSWOT分析による戦略の具体策に (新商材・新規チャネル等で発生する原価や仕入、既存商材の
〈1〉	材料費（消耗品）	● 2021年から〇〇材が20%アップ
〈2〉	労務費	● 2019年から10名に（非正規削減済み） ● 表面処理加工済み医療機器・精密機械部品が増えることで2022年 ● 半導体装置向け新無電解表面処理商品で5,000万円を超えたら、
〈3〉	減価償却費	● 表面処理加工済み医療機器・精密機械部品専用ライン ● 半導体装置向け新無電解表面処理工場建屋＋生産ライン
〈4〉	その他経費	● 2019年比で売上が12%減少するので、それに合わせて減少

（単位：千円）

2022 年度予想収支	2023 年度予想収支	2024 年度予想収支	2025 年度予想収支
85,440	97,320	100,320	102,720
290,000	335,000	335,000	335,000
10,680	12,165	12,540	12,840
237,200	264,400	264,400	264,400
623,320	708,885	712,260	714,960
88,680	102,115	123,740	141,040
12.5%	12.6%	14.8%	16.5%

該当する仕入または粗利に関する概況・内容 売上ダウンに伴う仕入減、または粗利率の変動も含む）	新たに増減する原価・仕入
から工場増員（5名＝プラス 2,500 万円） 2 名増員（プラス 1,000 万円）	
（年間 720 万円） 増設 5,000 万円（年間償却費 720 万円）	

続けて、販売費及び一般管理費（販管費）を計上し、営業利益、経常利益を算出します。

このように**クロスSWOT分析から出てきた各種対策を収支計画に入れることで、合理的な数字で説明できるようになっています。**

【具体策連動中期収支計画表】「販売費及び一般管理費」と「営業利益」「経常利益」の内容

	科目	昨年実績	破局のシナリオでの3年後の数値	2021年度予想収支
販売費及び一般管理費	役員報酬	18,200		14,500
	人件費（給与、賞与）	9,300		9,300
	法定福利費	4,000		3,800
	雑給	9,000		9,000
	旅費交通費	1,100		2,200
	事務用品費	2,200		2,200
	通信交通費	2,800		2,800
	租税公課	570		570
	接待交際費	500		1,200
	保険料	9,200		9,200
	車両費	3,500		3,500
	諸会費	1,200		1,000
	賃借料（リース料）	5,300		5,300
	研修指導料（製造コンサルタント）	4,000		4,000
	雑費（広告、Web、手数料等）	12,600		14,000
	減価償却費	4,600		4,600
	販売費及び一般管理費合計	88,070		87,170
	営業利益	− 14,070		− 10,980
営業外	営業外収益	4,100		4,100
	営業外費用	21,600		21,600
	経常利益	− 31,570		− 28,480

		クロスSWOT分析でによる戦略の具体策に該当する経費支出・削減の科目と額に関する科目、および	
〈1〉	役員報酬		● 2019年比 350万円減額
〈2〉	広告費		● 半導体装置の全国営業用Webページ、動画、広告費　2021年度
〈3〉	新規開拓用経費		● 販促経費（50 ⇒ 100万円） ● 旅費交通費（110 ⇒ 220万円） ● 接待交際費（50 ⇒ 240万円）雑費に含まれる

クロスSWOT分析はコンサルタントや会計事務所が一緒にサポートしたとしても、この収支計画は、「後は自社で…」と自助努力を促してもほとんど不可能でしょう。最後まで経営者や役員の意見をヒアリングしながらまとめてきたから、ここまでできるのです。

（単位：千円）

2022 年度予想収支	2023 年度予想収支	2024 年度予想収支	2025 年度予想収支
14,500	14,500	14,500	14,500
9,300	9,300	9,300	9,300
3,800	3,800	3,800	3,800
9,000	9,000	9,000	9,000
2,200	2,200	2,200	2,200
2,200	2,200	2,200	2,200
2,800	2,800	2,800	2,800
570	570	570	570
2,400	2,400	2,400	2,400
9,200	9,200	9,200	9,200
3,500	3,500	3,500	3,500
1,000	1,000	1,000	1,000
5,300	5,300	5,300	5,300
4,000	4,000	4,000	4,000
20,000	20,000	20,000	20,000
4,600	4,600	4,600	4,600
94,370	94,370	94,370	94,370
− 5,690	7,745	29,370	46,670
4,100	4,100	4,100	4,100
21,600	21,600	21,600	21,600
− 23,190	− 9,755	11,870	29,170

その概況と内容（新対策で新たに増減する人件費、経費、減価償却費も含む）	新たに増減する経費
から発生	

Chapter I
Chapter II
Chapter III
Chapter IV
Chapter V
Chapter VI
Chapter VII
Chapter VIII
Chapter IX
Chapter X

(8) 中期ロードマップ・アクションプランの作成

クロス SWOT 分析からの中期収支計画で「何をすべきか」「どのような数値計画か」が具体的に固まりました。

次は、「本当にできるのか？」という疑問に対して、行動プロセスや役割分担を具体的に記載し、モニタリングできるようにしたのが「中期ロードマップ・アクションプラン」です。

戦略1　中期ロードマップ（工程表）・アクションプラン

カテゴリー	新戦略・実施項目	重要行動プロセス	部署・担当者
積極戦略	医療機器・精密機械部品の加工業者に向けた「表面処理加工済み部品」の供給	全国の医療機器・精密機械部品製造の旋盤加工業者（組合、団体からリスト収集）	営業部長
		技術を公開する動画作成、ウェブサイト作成	専務
		工場設備増設	社長

中期ロードマップの作成方法も第7章で解説しているので、ここでは実際に作成されたロードマップ・アクションプランを見ながら解説していきます。2つの戦略それぞれについてロードマップを作成しています。

まず、1つめの「医療機器・精密機械部品の加工業者に向けた表面処理加工済み部品の供給」についてのロードマップです。

会社名	
作成日時	

2021 年度実施事項		2022 年度実施事項		2023 年度実施事項	
上半期 (4－9)	下半期 (10－3)	上半期 (4－9)	下半期 (10－3)	上半期 (4－9)	下半期 (10－3)
●関連業界の調達窓口、専門商社から、業界専門誌、他県の工業試験場からどこにリストがあるか調査開始（5月） ●関係リストとホームページのURL、メルアドをリスト化する（7月の営業会議で報告） ●ターゲットリスト、今後の参加イベント、広告を出す専門誌媒体を確定（8月の営業会議） ●専門誌（医療機器・精密機械製造関連）への広告掲載（動画が5つアップされた時点で掲載）	●ターゲット先に、DMを送付（DMにQRコード、実績、資格、設備）×年2回				
●表面処理加工済み医療機器・精密機械部品の動画コンテンツやWebページの掲載目次とスケジュール確定（5月経営会議） ●動画撮影、編集の外注先と費用の決定（6月経営会議） ●撮影開始、編集同時進行（7月～） ●「表面処理加工済み医療機器・精密機械部品」動画、6本をアップ（YouTube掲載）⇒自社設備、検査分析機能、認証、表面処理の厚さ精度、技術を先に動画化（9月まで）	●技術動画は、表面処理に詳細な作業を細分化して、一つ一つ動画化（毎月、4本制作）				
●補助金の申請が下りた時点で、銀行に融資相談（工場設備 5,000 万円） ●補助金確定後、機械設備屋に検討依頼（設計と見積）⇒その後建屋増改築はゼネコンへ見積依頼	●建屋、設備ライン製作と同時に、社内展示スペース、技術紹介ブース等、工場見学に来たくなる企画作成 ●動画でも紹介				

2つめの戦略「半導体装置メーカーに向けた無通電表面処理の供給」のロードマップ・アクションプランです。

戦略2　中期ロードマップ（工程表）・アクションプラン

カテゴリー	新戦略・実施項目	重要行動プロセス	部署・担当者
積極戦略	半導体装置メーカーに向けた 無通電表面処理（合金表面処理）の供給	全国の半導体装置業者（組合、団体からリスト収集）	営業部長
		技術を公開する動画作成、ウェブサイト作成	専務
		工場設備増設	社長

Chapter I
Chapter II
Chapter III
Chapter IV
Chapter V
Chapter VI
Chapter VII
Chapter VIII
Chapter IX
Chapter X

会社名	
作成日時	

2021 年度実施事項		2022 年度実施事項		2023 年度実施事項	
上半期 (4−9)	下半期 (10−3)	上半期 (4−9)	下半期 (10−3)	上半期 (4−9)	下半期 (10−3)
●関連業界の調達窓口、専門商社から、業界専門誌、他県の工業試験場からどこにリストがあるか調査開始（5月〜） ●関係リストとホームページのURL、メルアドをリスト化する（6月の営業会議で報告） ●ターゲットリスト、今後の参加イベント、広告を出す専門誌媒体を確定（7月の営業会議） ●専門誌（精密機械製造関連）への広告掲載（動画が5つアップされた時点で掲載）	●ターゲット先に、DMを送付（DMにQRコード、実績、資格、設備）×年2回				
●半導体装置用の○○新無通電表面処理動画コンテンツやWebページの掲載目次とスケジュール確定（8月経営会議） ●動画撮影、編集の外注先と費用の決定（9月経営会議） ●撮影開始、編集同時進行（10月〜） ●「半導体装置用無通電表面処理」動画、6本をアップ（YouTube掲載）⇒自社設備、検査分析機能、認証、表面処理の厚さ精度、技術を先に動画化（2月まで）	●技術動画は、表面処理に詳細な作業を細分化して、一つ一つ動画化（毎月、4本制作）				
●補助金の申請が下りた時点で、銀行に融資相談（工場設備5,000万円） ●補助金確定後、機械設備屋に検討依頼（設計と見積）⇒その後建屋増改築はゼネコンへ見積依頼	●建屋、設備ライン製作と同時に、社内展示スペース、技術紹介ブース等、工場見学に来たくなる企画作成 ●動画でも紹介				

ここまで具体的に行動プロセスへ落とし込めるのは、コンサルタントがいろいろな質問やヒアリングをしながら、先方が答えたことをその都度まとめ、5W2Hで文書化していくからです。

　もし、これをフォームだけ用意して「このフォームに書いてください」と宿題を出したら、どうなるか？

　すべての欄を埋めることは難しいでしょう。

　この事例の企業では、zoom画面を通して、最初に用意したフォームに沿って、ヒアリングしながら文書化（入力）していき、15時間後に出来上がったものです。

　実際の事業再構築補助金申請では、A4判、15ページ以内の事業計画書（フォームは各社任せ）や申請書があります。この部品加工企業の場合でも、戦略立案〜具体策連動中期収支計画〜中期ロードマップ・アクションプランを作成できたからこそ、事業計画書のフォーム（第9章に掲載）に落とし込みやすくなりました。

　この事例では、作成した戦略や収支計画、ロードマップ等を認定支援機関である会計事務所に渡し、事業計画書に記載してもらいました。会計事務所の担当者は「**ここまで論理的に整理されていたら、事業計画書が書きやすい**」と驚かれたようです。

Chapter IX

事業再構築補助金・事業計画書
オリジナル・フォームへの記載

1. 事業計画書のフォーム

　今回の事業再構築補助金・事業計画書については定型のフォームがなく、「できるだけ A4 判で 15 ページ以内」という指定があるのみです（2021 年 3 月 31 日時点）。定型の申請書フォームが公開されると、計画書のフォームも出てくるかもしれません（※ 2021 年 4 月 1 日時点で、電子申告入力項目でいくつかの書式が追加されました）。2021 年 3 月 26 日に審査基準が公表されているので、その基準をベースに、どんな書式がよいかを考えてみます。

　今回の補助金には、複数回にわたって多くの企業が申請するはずです。これを審査する事務局や担当官は、短時間で多くの書類に目を通し、交付可能かどうかの判断をしなければなりません。そうすると、いかにわかりやすく、的を射た表現にするかがポイントになります。そして、戦略や事業計画書に書かれたものが、担当官の脳裏に具体的なイメージとして描かれるようなストーリーであることが重要です。

(1) 事業計画書の注意点と審査項目

　公募要領に記載されている「事業計画書作成の注意事項」とそこに記載されている「審査項目」を見てみましょう。この注意事項や審査項目に沿って、事業計画書を作成する必要があります。

事業再構築補助金　事業計画書の注意点と審査項目（再掲）

		チェックポイント	記載状況・記載箇所
事業計画の注意点	1	● 〈添付書類 ファイル名確認シート〉に沿って資料準備	
	2	● A4 サイズで計 15 ページ以内で作成	
		【補助事業の具体的な取り組み内容】	
	3	●現在の事業の状況、「強み」「弱み」「機会」「脅威」、事業環境、事業再構築の必要性を具体的に記載	
	4	●事業再構築の具体的内容（提供する製品・サービス、導入する設備、工事等）、今回の補助事業で実施する新分野展開や業態転換、事業・業種転換等の取り組み、事業再編またはこれらの取り組みについて具体的に記載	
	5	●事業実施期間内に投資する建物の建設・改修等の予定、機械装置等の型番、取得時期や技術の導入、専門家の助言、研修等の時期についても、可能な限り詳細なスケジュールを記載	

Chapter
I

Chapter
II

Chapter
III

Chapter
IV

Chapter
V

Chapter
VI

Chapter
VII

Chapter
VIII

Chapter
IX

Chapter
X

事業計画の注意点	6	●応募申請する枠（通常枠、卒業枠、グローバルV字回復枠、緊急事態宣言特別枠）と事業再構築の種類（「事業再編型」「業態転換型」「新分野展開型」「事業転換型」「業種転換型」）に応じて、「事業再構築指針」に沿った事業計画を作成
	7	●補助事業を行うことによって、どのように他社、既存事業と差別化し競争力強化が実現するかについて、その方法や仕組み、実施体制などを具体的に記載
	8	●既存事業の縮小または廃止、省人化により、従業員の解雇を伴う場合には、再就職支援の計画等の従業員への適切な配慮の取り組みについて具体的に記載
	9	●補助事業の成果の事業化が寄与するユーザー、マーケット及び市場規模が明確か。市場ニーズの有無の根拠を記載
	10	●補助事業の成果が価格的・性能的に優位性や収益性を有し、かつ、事業化に至るまでの遂行方法及びスケジュールが妥当か（価格・数量の妥当性、優位性、ロードマップ）
	11	●補助事業として費用対効果（補助金の投入額に対して増額が想定される付加価値額の規模、生産性の向上、その実現性等）が高いか。その際、現在の自社の人材、技術・ノウハウ等の強みを活用することや既存事業とのシナジー効果が期待されること
		【将来の展望（事業化に向けて想定している市場及び期待される効果）】
	12	●本事業の成果が寄与すると想定している具体的なユーザー、マーケット及び市場規模等について、その成果の価格的・性能的な優位性・収益性や課題、リスクとその解決方法などを記載
	13	●本事業の成果の事業化見込みについて、目標となる時期・売上規模・量産化時の製品等の価格等について簡潔に記載
	14	●必要に応じて図表や写真等を用い、具体的に記載
		【本事業により取得する主な資産】
	15	●単価50万円以上の建物、機械装置・システム等の名称、分類、取得予定価格等を記載
		【収益計画】
	16	●事業の実施体制、スケジュール、資金調達計画等について具体的に記載（組織、役割分担、外注体制、5か年収支計画、資金調達表）
	17	●収益計画(表)における「付加価値額」の算出については、算出根拠を記載
	18	●自己資金、金融機関からの融資可能なことを記載

		チェックポイント	適合の可否・記載箇所
審査項目		**【補助対象事業としての適格性】**	
	1	補助対象事業の要件を満たすか。補助事業終了後3〜5年計画で「付加価値額」年率平均3.0%以上の増加等を達成する取り組みであるか	
		【事業化点】	
	2	①本事業の目的に沿った事業実施のための体制(人材、事務処理能力等)や最近の財務状況等から、補助事業を適切に遂行できると期待できるか。また、金融機関等からの十分な資金の調達が見込めるか	
	3	②事業化に向けて、競合他社の動向を把握すること等を通じて市場ニーズを考慮するとともに、補助事業の成果の事業化が寄与するユーザー、マーケット及び市場規模が明確か。市場ニーズの有無を検証できているか	
	4	③補助事業の成果が価格的・性能的に優位性や収益性を有し、かつ、事業化に至るまでの遂行方法及びスケジュールが妥当か。補助事業の課題が明確になっており、その課題の解決方法が明確かつ妥当か	
	5	④補助事業として費用対効果(補助金の投入額に対して増額が想定される付加価値額の規模、生産性の向上、その実現性等)が高いか。その際、現在の自社の人材、技術・ノウハウ等の強みを活用することや既存事業とのシナジー効果が期待されること等により、効果的な取り組みとなっているか	
		【再構築点】	
	6	①事業再構築指針に沿った取り組みであるか。また、全く異なる業種への転換など、リスクの高い、思い切った大胆な事業の再構築を行うものであるか	
	7	②既存事業における売上の減少が著しいなど、新型コロナウイルスの影響で深刻な被害が生じており、事業再構築を行う必要性や緊要性が高いか	
	8	③市場ニーズや自社の強みをふまえ、「選択と集中」を戦略的に組み合わせ、リソースの最適化を図る取組であるか	
	9	④先端的なデジタル技術の活用、新しいビジネスモデルの構築等を通じて、地域のイノベーションに貢献し得る事業か	
		【政策点】	
	10	①デジタル技術の活用、低炭素技術の活用、経済社会にとって特に重要な技術の活用等を通じて、我が国の経済成長を牽引し得るか	
	11	②新型コロナウイルスが事業環境に与える影響を乗り越えてV字回復を達成するために有効な投資内容となっているか	

審査項目	12	③ニッチ分野において、適切なマーケティング、独自性の高い製品・サービス開発、厳格な品質管理などにより差別化を行い、グローバル市場でもトップの地位を築く潜在性を有しているか	
	13	④地域の特性を活かして高い付加価値を創出し、地域の事業者等に対する経済的波及効果を及ぼすことにより、雇用の創出や地域の経済成長を牽引する事業となることが期待できるか	
	14	⑤異なるサービスを提供する事業者が共通のプラットフォームを構築してサービスを提供するような場合など、単独では解決が難しい課題について複数の事業者が連携して取り組むことにより、高い生産性向上が期待できるか。また、異なる強みを持つ複数の企業等（大学等を含む）が共同体を構成して製品開発を行うなど、経済的波及効果が期待できるか	
		【令和３年の国による緊急事態宣言の影響を受けた事業者に対する加点】	
	15	①令和３年の国による緊急事態宣言に伴う飲食店の時短営業や不要不急の外出・移動の自粛等により影響を受けたことにより、2021年１月～３月のいずれかの月の売上高が対前年（または対前々年）同月比で30%以上減少していること	
	16	②上記①の条件を満たしたうえで、2021年１月～３月のいずれかの月の固定費（家賃＋人件費＋光熱費等の固定契約料）が同期間に受給した協力金の額を上回ること	

(2) 事業計画書 オリジナル・フォーム

　注意事項や審査項目を考慮して、どんなことを記載すればよいか、そして見やすいかを考えたフォームを次ページ以降に掲載しました。

　これは、私たちのチームがさまざまな企業サポートをしてきた中で培ったノウハウを集約したものです。言うまでもありませんが、このフォームを見ただけでは、なかなか書きづらいはずです。

　このフォームの特徴は、これまで述べてきた「**クロス SWOT 分析**」「**補助金指針適合性チェック**」「**具体策連動中期収支計画**」「**ロードマップ**」を事前に検討しているなら、**とても書きやすく、中身を埋めやすい**というものです。

　各フォームには、書き方のポイントを記載しています。それを参照してください。

　事業計画書に記載する際、気をつけておくことは以下の６点です。これはとても重要なので、しっかりと把握しておいてください。

- わかりやすいビジネスモデル
- 見やすく、箇条書きで書く
- 審査項目の条件に合致していることを明らかにする
- 指針・手引書と適合できていることを証明する
- 国の政策の方針に沿う表現をちりばめる
- どこまでも具体的に根拠を明文化する

ということです。なぜなら、事業計画書を審査する人は、この企業の実態はこの文書でしか判断できないのです。わかりづらい言葉や表現、見づらい書き方だと、集中し審査してくれない可能性があります。

しかも、審査する作業は厖大です。「じっくり吟味」などしていられません。次から次へと来る案件に一通り目を通し、採択すべきかどうかを判断しなければなりません。したがって、上記の6つのポイントをおさえたもので、具体的なイメージが湧いてくるようなストーリーでなくては、「よくわからない」となります。よくわからないことは絶対に採択されないと思ったほうがよいでしょう。

（3）事業計画書のフォームと記入のポイント

事業再構築補助金　事業計画書

事業者名	
所在地	〒
連絡先	
4 類型	新分野展開　事業転換　業種転換　業態転換

> どの分野での申請か
> 最初に分かるようする

認定経営革新等支援機関 ID	（12 桁）
認定経営革新等支援機関名	
補助事業計画書作成支援者名 ※法人名または担当者名	
［本店 / 支店］ □本店 □支店（支店名：　　　　　）	
［担当者等名］ ※作成支援者が法人の場合のみ	
［報酬（予定）］ ※成功報酬を含む	
［契約期間］ ※フォローアップの期間を含む	

> 事業計画書に外部の指導を受けた
> 場合は業者、費用も記載する

Chapter I
Chapter II
Chapter III
Chapter IV
Chapter V
Chapter VI
Chapter VII
Chapter VIII
Chapter IX
Chapter X

応募申請する枠と事業再構築の種類

1．応募申請する枠

□通常枠　□卒業枠　□グローバル V 字回復枠　□緊急事態宣言特別枠

売上高の減少						減少率
2019 年	10 月		2020 年	10 月		
2019 年	12 月		2020 年	12 月		
2020 年	2 月		2021 年	2 月		
合計			合計			

2．事業再構築の種類

□新分野展開　□事業転換　□ 業種転換　□業態転換　□事業再編

要件	チェック項目	該当	要件を満たす考え方
製品等の新規性要件	①過去に自社において製造等した実績がないこと		該当しているなら ○ を付ける。SWOT 分析時に確認・検証しておく
	②製造等に用いる主要な設備を変更すること		
	③定量的に性能または効能が異なること		
市場の新規性要件	既存製品等と新製品等の代替性が低いこと		
売上高10%要件	3 〜 5 年間の事業計画期間終了後、新たな製品等の売上高が総売上高の 10% 以上となる計画を策定すること		

現在の事業の環境

1. 企業概要

自社の基本情報	業　種	
	主な事業 （ビジネスモデル）	
	主な商品	
	主な顧客	
	売上（直近）	
	従業員数	
	代表者名・年齢	
	会社略歴	
ビジネスモデル俯瞰図		仕入、開発、設計、外注、製造、販売などのビジネスの流れを、フローチャート等で図示し、第三者にもわかりやすく記載する

Chapter I
Chapter II
Chapter III
Chapter IV
Chapter V
Chapter VI
Chapter VII
Chapter VIII
Chapter IX
Chapter X

2. 現状の経営環境・競合状況・業績状況

コロナ禍で大きく 変わった経営環境	●コロナ禍で売上、顧客が昨年比でどれくらい減少したか（SWOT分析での「脅威」を参照）
	●コロナ禍が当面続くと顧客や市場がどう変化し、既存のビジネスがどう立ち行かなくなるか（SWOT分析での「脅威」を参照）
既存事業の限界と 事業再構築の必要性	●既存事業が今後、どういう理由でどう悪化するか（SWOT分析での「脅威」を参照）
	●事業再構築で新たな道を模索しないとどうなるか（必要性を訴求）

3. 自社の「強み」

顧客資産としての「強み」	●持っている顧客の「強み」は何か、その顧客を持つことで、どういう可能性があるか（SWOT分析での「強み」を参照）
	●特定の顧客やリストを持っていることで、どういう可能性があるか
商材資産としての「強み」	●持っている商材や販売権、エリアなどの強みは何か（SWOT分析での「強み」を参照）
人材・技術資産としての 「強み」	●人材の特別な能力、持っている技術は何か（SWOT分析での「強み」を参照）
	●その人材の能力、技術をブラッシュアップすることでどういう可能性があるか
設備・機能資産としての 「強み」	●既存の設備や不動産、動産があることでどんな「強み」があると言えるか
	●組織や機能として持っている「強み」はどう活かせば新たな可能性があるか

4. 自社の「強み」が活かせる分野とその理由

強みの内容	「強み」が活かせる分野・可能性
具体的な「強み」の内容 （固有名詞で記載） （SWOT分析での「強み」を参照）	左記の「強み」をどういうことに活用すれば、新たな活かし方ができるかを記載 （次の「機会」と重複しても可）

5．自社の「弱み」

> 「弱み」は、今後の事業成長につながらない弱み、今後の市場変化での売上につながらない具体的な弱みを記載。会社としてのダメな点ではなく、「事業機会」に使えない経営資源を記載（SWOT 分析での「弱み」を参照）

6．今後の可能性分野「機会」

ニッチ市場や新たなニーズの中身	その背景（独自性、デジタル技術の活用、低炭素技術の活用、経済効果、雇用創出等）
SWOT 分析の「機会」から生まれた「可能性分野」を具体的に記載	「機会」の可能性を目指す条件として、表題の「独自性、デジタル化、低炭素、環境貢献、経済効果、雇用創出」にどう関連して、今後成長可能かを記載

7．今後の市場のリスクや「脅威」

> クロス SWOT 分析から、現在のビジネス市場がどう悪くなるか、どんなリスクがあり、それに対応できない場合はどうなるかを具体的に書く

Chapter I
Chapter II
Chapter III
Chapter IV
Chapter V
Chapter VI
Chapter VII
Chapter VIII
Chapter IX
Chapter X

8.「強み」×「機会」によって「新分野展開」で目指す事業戦略

新分野展開の内容	新分野を目指す理由	
「強み」と「今後求められる新たなのニーズ」を掛け合わせて、具体的な【積極戦略】名を記載（例　○○分野での◇◇技術（メソッド）を活用した【△△戦略】）	事業可能性	この戦略が新事業として可能性がある理由
	独自性（自社だからできる理由）	自社のどの「強み」を活かして、既存の市場にはない独自性を出せるか
	付加価値と持続性	この戦略が持続でき、毎年3%以上の付加価値が可能な理由
	政策との適合性	デジタル技術、低炭素技術等の活用、環境、経済効果、雇用創出につながっている理由

9.「新分野展開」の適合性チェック

該当しているなら〇をつける。SWOT分析時に確認検証をしておく

分野		チェック項目	該当
新分野展開（「強み」や経営資源を使って新たな挑戦）	製品等の新規性要件	①過去に自社において製造等をした実績がないこと	
		②製造等に用いる主要な設備を変更すること	
		③競合他社の多くがすでに製造している製品等ではないこと	
		④定量的に性能または効能が異なること	
		⑤「既存の製品等の製造量等を増やす場合」ではないこと	
		⑥「既存の製品等に容易な改変を加えた新製品等を製造等する場合」ではないこと	
		⑦「既存の製品等を単に組み合わせて新製品等を製造する場合」ではないこと	
	市場の新規性要件	①既存製品と新製品等の代替性が低いこと（新製品等を販売した際に、既存製品の需要の多くが代替されることなく、売上が販売前と比べて大きく減少しないこと）	
		②「既存の製品等の市場の一部のみを対象とするものである場合」ではないこと	
		③既存製品と新製品等の顧客層が異なること（任意要件）	
	10%要件	①3～5年間の事業計画期間終了後、新たな製品等の売上高が総売上高の10%以上となる計画を策定すること	

10. 同業他社の商品・市場と新事業の商品・市場のポジション比較

	既存市場	新規市場
既存商品	同業他社や競合先の商品提供、ターゲット顧客を記載。何を優先しているかも記載	
新商品		新戦略が目指す顧客ターゲット、新商品の違いを記載。競合他社と比べて、何が一番違うか、キーワードを記載

11. 「新分野展開」でこのニッチ市場・ターゲットが求めること、それを選択した理由

新分野の戦略（新製品）が、新市場で求められている理由
クロス SWOT 分析時の「機会」から記載

12. 「新分野展開」で他社と差別化する USP（独自のウリ）、同業他社との違い

クロス SWOT 分析での【積極戦略】で検討した USP を記載
先発企業の同業他社とどこに違いがあるか具体的に書く

13. 「新分野展開」で持続的に収益を上げるマーケティング戦略

クロス SWOT 分析での【積極戦略】で検討した USP を記載
新たな売り方、売り先、マーケティング戦略の具体策を書く

14. 「新分野展開」で必要な設備投資・マーケティング投資等とその理由

経費区分	(A) 事業に要する経費 （税込みの額）	(B) 補助対象経費 （税抜きの額）	(C) 補助金 交付申請額 (B) × (D) 補助率 3分の2以内 （税抜きの額）	(E) 積算基礎 (A) に要する 経費の内訳 （機械装置名、 単価×数量等）
建物費				
機械装置・システム構築費				
技術導入費				
専門家経費				
運搬費				
クラウドサービス利用費				
外注費				
知的財産権等関連経費				
広告宣伝・販売促進費				
研修費				
海外旅費				
合　計	(A)	(B)	(C)	

投資内容・名称	投資・費用計上する理由
新分野に必要な設備投資の機械等の名称を書く	この投資が新分野展開やUSPに必要な理由

15. 「新分野展開」の製品の価格帯とその理由

価格帯	その理由
新商品の売り出し価格を書く	その価格にした理由。同業や先発企業とどう違うか

16. 「新分野展開」の数量・単価・売上の予測とその理由

	単価	数量 / 月	年間売上	必要投資と経費内容	その根拠
2021 年度					
2022 年度					
2023 年度					
2024 年度					
2025 年度					

> この年度で必要な投資や償却、経費を記載

> その売上や投資、経費になる理由。毎年売上が増えるなら、何がどう貢献するから、売上増になるかを記載

17. 既存事業・製品の縮小撤退に伴う対策、メリット、リスクの具体的説明

縮小撤退する事業・商品・顧客名	何を	
	メリット	
	リスク	
	撤退縮小に伴う人員削減、配置転換、要員計画等	
	リスク回避と円滑撤退のための具体策	

> 新分野展開のために、縮小撤退する商品、顧客名を記載

> 特定の商品・顧客からの撤退がメリットになる理由を記載

> 撤退縮小による業績への影響や関係性などのリスクを記載

> 撤退縮小に伴う人の異動や新分野への配置転換などの具体策を記載

> 既存の大幅な売上減は、新分野商品の代替と理解されるので注意して、リスク対策などの具体策を書く

Chapter I
Chapter II
Chapter III
Chapter IV
Chapter V
Chapter VI
Chapter VII
Chapter VIII
Chapter IX
Chapter X

将来の展望と収益計画

18. 今後の 5 か年売上計画とその理由

	昨年実績	2021 年	2022 年	2023 年	2024 年	2025 年
既存売上						
新戦略売上						
売上合計						
売上が増える根拠						

これまでの売上（製品別または顧客別）を記載。今後、既存売上がどう変動するかを書く

新戦略の売上を記載（初年度は投資があっても大きな売上は見込めない）。L 字型で増える見込みか、右肩上がりで増えるか、一気に増えるか、新戦略の商品や売り方によって異なる（クロス SWOT 分析に連動した中期収支計画から記載）

売上が増える根拠は、クロス SWOT 分析での「積極戦略」に書かれた、USP やマーケティング戦略から転記（SWOT 分析に連動した中期収支計画から記載）

19. 今後 5 か年の原価（粗利）の推移とその理由

	昨年実績	2021 年	2022 年	2023 年	2024 年	2025 年
材料費（仕入）						
労務費						
外注費						
製造経費						
原価合計						
粗利率						
粗利推移の根拠						

各原価科目は、クロス SWOT 分析での具体策に連動した中期収支計画を参考に、年度売上に伴って増える原価、減る原価を記載

年度によって粗利が変わる理由を記載。年度別の売上との連動など

20. 今後 5 か年の販売費及び一般管理費（販管費）の推移とその理由

	昨年実績	2021 年	2022 年	2023 年	2024 年	2025 年
人件費						
減価償却費						
広告宣伝費						
研修指導料						
Web 費用						
地代家賃						
その他経費						
販管費合計						
販管費増減の根拠						

各販管費の科目は各社の状況に合わせて記載。特に新分野展開のために必要な戦略的経費はしっかり計上する。また逆に既存事業の経費削減予定のものも減額して記載

各科目で大きく増える経費の理由（補助金該当費用）などの理由を記載

21. 5か年収支計画表

		昨年実績	2021年	2022年	2023年	2024年	2025年
売上	既存売上						
	新戦略売上						
売上合計							
原価							
粗利							
粗利率							
販管費							
営業利益							
営業外利益							
営業外支出							
経常利益							

> 5か年の売上・粗利・営業利益・経常利益の推移を記載（今回の新分野展開の内容がどう業績に反映されているかがわかる）

22. 5か年付加価値額（営業利益＋人件費＋減価償却費）計画

	昨年実績	2021年	2022年	2023年	2024年	2025年
人件費						
減価償却費						
営業利益						
付加価値額合計						
付加価値増加率						
従業員数						
従業員1人当り付加価値						
1人当り付加価値増加率						

> 5か年の付加価値額の予定推移を記載（適用条件の平均年率3％以上になるように調整する）
> 付加価値額が要件通りにいかない場合は、再度売上計画や売り方、コストなどを検討して記載

23. 資金調達計画

■補助事業全体に要する経費調達先一覧

区分	事業に要する経費（円）	資金の調達先
自己資金		
補助金	(C)	
交付申請額		
借入金		
その他		
合計額	(A)	

■補助金を受けるまでの資金

区分	事業に要する経費（円）	資金の調達先
自己資金		
借入金		
その他		
合計額	(C)	

※上記合計額（A）と14.「新分野展開」での投資の合計額（A）が一致していることを確認

24. 事業を遂行するための組織・役割分担

新戦略の担当者名	既存の仕事と新戦略業務の課題	新戦略遂行のための具体策
新戦略の責任者、担当者の名前	責任者や担当者が今抱えている業務や新戦略を遂行するためには、どういう業務を外し、どういう役割に集中すべきか記載	新戦略の責任者、担当者が新戦略を遂行するために、役割変更、アウトソーシング対策等の具体策を記載

25. 具体的な3か年行動計画

新戦略・実施項目	重要行動プロセス	部署・担当者	（　　）年実施事項		（　　）年実施事項	
			上半期（　）	下半期（　）	上半期（　）	下半期（　）
	新分野展開の製品開発・市場開発などの具体策の行動プロセスを記載。 行動プロセスとは ●企画から実行までに必要な「準備工程」（設備購入、テストマーケティング、PRコンテンツ作成、USPづくりの仕掛け、専門家からの指導契約等） ●開発製造の段階別の「開発製造工程」（設備設置後の開発・分析・試作・出荷等） ●売上に直結するマーケティング対策やセールスプロモーションなどの「販売工程」（Web制作、動画コンテンツ、販売提携先との契約や支援対策、その他販売に必要なツールづくり、仕掛け、実施具体策全般）		各年度の半期中に左記の行動プロセスをどう実施するか具体的に行動内容がわかるように表現する（中期ロードマップを参照）			

※経済産業省・中小企業庁からのちに推奨書式や参照フォームが提示されるかもしれませんが、上記のようなフォームにしっかりと埋めることができるなら、どのフォームにも対応可能でしょう。

※申請書と重複している箇所（企業情報や応募枠、申請の種類、収支に関すること、資金手当て等）は適宜削除してもよいでしょう。

Chapter I

Chapter II

Chapter III

Chapter IV

Chapter V

Chapter VI

Chapter VII

Chapter VIII

Chapter IX

Chapter X

2. 事業計画書フォームに事例を落とし込む

　今回のケーススタディで取り上げている「新分野展開」の酒造メーカーのケースをこの事業計画書フォームに落とし込んでいきます。

　先述のとおり、この酒造メーカーは「クロス SWOT 分析」「指針適合性チェック」「具体策連動中期収支計画」「ロードマップ」を作成しました。その内容をベースに、事業計画書フォームに落とし込んだものが次の表です。なお、事業計画書フォームは一つの基本的なモデルであり、事例によってフォームも変わってきます。本事例でも、ところどころモデルとは違うフォームになっていることを確認してみてください。

　※一部、前掲のテンプレートとフォームが違う箇所があります。

応募申請する枠と事業再構築の種類

1．応募申請する枠

☑通常枠　□卒業枠　□グローバル V 字回復枠　□緊急事態宣言特別枠

(単位：円)

売上高の減少				減少率
2019 年 10 月	54,320,000	2019 年 10 月	51,560,000	5%
2019 年 12 月	79,432,000	2019 年 12 月	67,942,000	14%
2020 年 2 月	57,281,000	2020 年 2 月	41,831,000	27%
合計	191,033,000	合計	161,333,000	平均 16%

2．事業再構築の種類

☑新分野展開型　□事業転換型　□業種転換型　□業態転換型　□事業再編型

要件	チェック項目	該当	要件を満たす考え方
製品等の新規性要件	①過去に自社において製造等した実績がないこと	○	焼酎のみ製造で、過去にハイボール、レモンサワーなどの炭酸系を製造した実績はない
	②製造等に用いる主要な設備を変更すること	○	既存の瓶ボトル詰めラインは焼酎瓶詰め用であり、新事業での形容や容量に対応できないことから、既存設備とは異なる専用の生産設備が必要である
	③定量的に性能または効能が異なること	○	炭酸系の生産ラインと焼酎の生産ラインとは扱う瓶の大きさ、容量が異なるため、比較することが難しい
市場の新規性要件	既存製品等と新製品等の代替性が低いこと	○	焼酎の既存顧客層は酒屋や居酒屋などであるが、新商品はドラッグストアやディスカウントストア中心で市場が異なり、既存売上の減少の影響は見込まれない
売上高 10%要件	3～5 年間の事業計画期間終了後、新たな製品等の売上高が総売上高の 10% 以上となる計画を策定すること	○	「18．今後の5か年売上計画とその理由」参照

現在の事業の環境

1．事業概要

（1）補助事業計画名（30 字程度）

炭酸サワー系焼酎の開発				
本事業で取り組む 対象分野となる事業 （日本標準産業分類 中分類ベース）	コード	1024	中分類項目名	蒸留酒・混成酒製造業

（2）事業計画書の概要（最大 100 字程度）

既存商品である焼酎の新たな市場開拓のため、20、30 代の若者、女性客をターゲットにした瓶サワーの開発と製造、そして新たな販売チャネル（Web、SNS）を構築する。将来的にはノンアルコールサワーで新市場開拓を目指す。

2．現状の経営環境・競合状況・業績状況

コロナ禍で 大きく変わった 経営環境	新型コロナウイルスの感染拡大に伴う居酒屋など飲食店の緊急事態宣言や時短要請、営業時間の短縮や営業自粛などで、地場産業である焼酎も業務用商品の売上が 3～4 割減るなど影響が出ている。 ただし、巣ごもり需要によりコンビニやドラッグストアなどでの家庭用のアルコール売上は増加傾向にある。
既存事業の限界 と事業再構築の 必要性	焼酎ブーム時期と比べ売上高は 3 割程度減少していた。そんな中、コロナの影響でさらに 3 割減と全盛期と比べ 5 割減少している。
	若者の焼酎離れの中、業務用より家庭向けの市場が伸びている。特にハイボールなど健康志向を意識した商品の炭酸系アルコールが伸びている。

3．自社の「強み」

顧客資産としての「強み」	●商社経由で大手コンビニチェーンの PB 焼酎を作っており、量産が可能な製造ラインを持っている
	●地元に「自社のファンクラブ」があり、メンバーリストが 1,000 名を超える。定期的に試飲会をしている ●地元では大手焼酎メーカーのシェアを抑えており、知名度がある
商材資産としての「強み」	●製造に使う地下水はミネラルを含んだ価値の高い水である
人的・技術資産としての「強み」	●伝統手法が使える「手作り仕込み」ができる杜氏がいる。業界からも一目置かれている存在であり、各地より技法を学びに来る
設備・機能資産としての「強み」	●生産の過程で出る原料カスをバイオマスの原料や肥料に処理できる設備がある ●環境対応工場、自然な地下水利用など環境配慮型を実施している

4．自社の「強み」が活かせる分野と合理的な理由

強みの内容	「強み」が活かせる分野・可能性
●商社経由で大手コンビニチェーンのPB焼酎を作っており、量産ができる製造ラインを持っている	●流通大手企業に対してさまざまなPBの企画提案ができ、求める生産数量にも対応できる ●商社や大手チェーンとのつながりで、自社にはない設備や機械の外注先を即手配してもらえる
●地元に自社の「ファンクラブ」があり、メンバーリストが1,000名を超える。定期的に試飲会をしている	●通販や直営店舗を作った時のベース顧客になる

5．自社の「弱み」

- ●従来の酒販卸ルートでの販売が多く、直販顧客を持っていない
- ●直販ができる通販サイト作成の知識がなく、ファンクラブがあるのに、ネットショッピングができない
- ●自社の生産設備の関係で、利益率の悪いPBを維持したうえで、新商品のバリエーションを増やすのは無理
- ●プレミアム商品がないでの、直販できる魅力がない

6．今後の可能性分野「機会」

ニッチ市場や新たなニーズの中身	その背景（独自性、デジタル技術の活用、低炭素技術の活用、経済効果、雇用創出等）
●サワー系飲料の市場が伸びている	●ハイボール、レモンサワーなどの炭酸系のニーズが高く、業務用のみならず、家庭用でも売れている
●独自の製法や原料、味のプレミアム商品を開発	●ファンクラブの定期試飲会でアンケートをとると、直営店舗や新商品開発など町おこしも含めニーズが高い
●家庭用大容量容器が地元では売れる ●酒販店やスーパーよりも、ドラッグストア・ディスカウントストアで低価格品が売れる	●瓶やパックではなく、ドラッグストアなどで大型PETボトルの低価格商品が好調 ●ドラッグストア・ディスカウントストア市場は、コロナ禍で今後も成長する

7．今後の現在の市場のリスクや「脅威」

- ●原料のサツマイモの病気
- ●契約農家の高齢化による原料生産量の減少
- ●若者の焼酎離れによる低価格競争の激化

8.「強み」×「機会」によって「新分野展開」で目指す事業戦略

新分野展開の内容	それを目指す理由	
炭酸系サワー焼酎の独自ブランドの開発販売	事業可能性	●炭酸封入設備がなく、外注先へ委託することも可能だが、自社で設備を持つことで収益性が高まる
		●商社や大手チェーンとのつながりで、新商品の営業ルートを持っている
	独自性（自社だからできる理由）	●地元ファンクラブとの定期試飲会などで、プレミアム商品の定期購入アピールができる
		●環境対応の工場でおいしい伏流水で作った商品
	付加価値と持続性	●炭酸系は当社で価格設定ができることから、特にプレミアム商品の開発により、粗利益率が焼酎と比べ5％以上アップできる
		●直販や新たな販路（ドラッグストア、ディスカウントストア）で販売するため、特定の流通ルートに依存しない
	政策との適合性	●地元の新たな雇用創出やイベント開催により、地元の町おこしPRができる
		●デジタルでのオンライン販売や環境対応工場（地下水利用、原料カスのバイオマス発電への処理）など国の政策との親和性がある

9. 事業再構築「新分野展開」の適合性チェック

分野		チェック項目	該当
新分野展開（強み・経営資源を使って新たな挑戦）	製品等の新規性要件	①過去に自社において製造等をした実績がないこと	○
		②製造等に用いる主要な設備を変更すること	○
		③競合他社の多くがすでに製造している製品等ではないこと	○
		④定量的に性能または効能が異なること	○
		⑤「既存の製品等の製造量等を増やす場合」ではないこと	○
		⑥「既存の製品等に容易な改変を加えた新製品等を製造等する場合」ではないこと	○
		⑦「既存の製品等を単に組み合わせて新製品等を製造する場合」ではないこと	○
	市場の新規性要件	①既存製品等と新製品等の代替性が低いこと（新製品等を販売した際に、既存製品等の需要の多くが代替されることなく、売上が販売前と比べて大きく減少しないこと）	○

10. 同業他社の商品・市場と新事業の商品・市場のポジション比較

	既存市場	新規市場
既存商品	【今の競合他社と消費者のマーケット】 ●焼酎の購買層は 50 代〜 70 代が 61％を占めている（※日本酒造組合中央会の資料より） ●メインのゾーンである一般男性（中高年以上）は新しい酒へのチャレンジ指向が低く、銘柄指定で購入傾向であるため、地域ごとに地場の銘柄が強い傾向にある	●お酒を飲む女性が増加（52.6 ％ → 72.9 ％）しており、女性向けの新市場を開拓している競合他社が伸びている
新商品	●地元焼酎メーカーは、新しい焼酎銘柄の開発が中心で、ターゲットが従来の一般中高年男性から離れていない ●地元ファンクラブをベースに定期的に試飲会を実施しているため、競合他社より新商品の消費者反応やテストマーケティングがしやすく売りやすい	●中高年層（3.1 回 / 月）と比べ、若年層ほど外飲み傾向（5.5 回 / 月※）だが、若者向けの商品が地元メーカーには少ない ●お酒を飲む女性が増加（52.6 ％ → 72.9 ％）しているが、女性向けの商品は競合他社もあまり出していない ●ハイボールは全体の 17.4 ％とビールの次に飲酒量が多いが、地ビールような炭酸系の地場商品がない ※ここに当社の新しい差別化のポジションがある

11. 「新分野展開」でこのニッチ市場・ターゲットが求めること、それを選択した理由

- ●焼酎の飲用顧客層は 50 代以上が 61％、ハイボールは 20 〜 40 代 66％、女性の飲用（1988 年と比べ、52.6％→ 72.9％）が増加
- ●新しいお酒へのチャレンジ指向は 20 代 41.1％と高いのに比べ、60 代は 29.0％と低く、新商品のターゲットは 20、30 代となる

- ●焼酎の中でもサワー系が伸びており、簡単に飲めて、大手が作る缶ではない、瓶ボトル焼酎にニーズがある
- ●焼酎原料ができない時期、工場稼働率が悪い時期に製造できるというメリットもある

12. 「新分野展開」で他社と差別化する USP（独自のウリ）、同業他社との違い

- ●若者、女性向けに可愛い瓶ボトル・ラベルで提供し、イギリスのパブを思い起こす、瓶ボトルから直接飲むスタイルを想定

13. 「新分野展開」で持続的に収益を上げるマーケティング戦略

- ● EC サイトの立上げでオンライン通販の実施
- ●クックパッドやデリッシュキッチンへ投稿し、料理と相性のよい軽いサワー系飲料として PR。SNS で認知度向上を目指す
- ●大手商社経由でコンビニチェーンへの販売

- ● Web ページの制作、動画コンテンツの制作、EC 専門家による指導
- ● SNS（主にインスタでの PR）、地元ファンクラブを通じて、女性試飲会の実施
- ●女性芸能人を使って、大々的な広告を展開。直販リストも収集し、個別の情報提供も行う

Chapter I
Chapter II
Chapter III
Chapter IV
Chapter V
Chapter VI
Chapter VII
Chapter VIII
Chapter IX
Chapter X

14. 「新分野展開」で必要な設備投資・マーケティング投資等とその理由

(1) 経費明細表 (単位：千円)

経費区分	（A）事業に要する経費（税込みの額）	（B）補助対象経費（税抜きの額）	（C）補助金交付申請額 （B）×（D）補助率 3分の2以内（税抜きの額）	（E）積算基礎 （A）に要する経費の内訳（機械装置名、単価×数量等）
建物費				
機械装置・システム構築費	30,000	30,000	20,000	
技術導入費	500	500	333	
専門家経費	3,000	2,400	1,600	
運搬費			0	
クラウドサービス利用費			0	
外注費			0	
知的財産権等関連経費			0	
広告宣伝・販売促進費	1,000	1,000	667	
研修費			0	
海外旅費			0	
合　計	34,500	33,900	22,600	

15. 「新分野展開」の製品の価格帯とその理由

価格帯	その理由
4,000 円／ケース（330 円／本）	缶 150 円〜 200 円。瓶の原価 30 円／本。瓶ボトルであり、デザインが若い女性向けで、プレミアム商品としての付加価値があることから、缶の 1.5 倍程度の価格が妥当

16. 「新分野展開」の数量・単価・売上の予測とその理由

(単位：円)

	単価	数量／月	年間売上	必要投資と経費内容	その根拠
2021 年度	4,000	1,250	5,000,000	34,500,000	補助事業期間のため事業計画対象外
2022 年度	4,000	7,500	30,000,000	1,500,000	瓶ボトルの広告（年 100 万円）、メンテナンス費用（毎年 50 万円）が増加
2023 年度	4,000	17,500	70,000,000	1,500,000	瓶ボトルの広告（年 100 万円）、メンテナンス費用（毎年 50 万円）が増加
2024 年度	4,000	25,000	100,000,000	1,500,000	瓶ボトルの広告（年 100 万円）、メンテナンス費用（毎年 50 万円）が増加
2025 年度	4,000	30,000	120,000,000	1,500,000	瓶ボトルの広告（年 100 万円）、メンテナンス費用（毎年 50 万円）が増加
2026 年度	4,000	30,000	120,000,000	1,500,000	瓶ボトルの広告（年 100 万円）、メンテナンス費用（毎年 50 万円）が増加

17. 既存事業・製品の縮小撤退に伴う対策、メリット、リスクの具体的説明

縮小撤退する事業・商品・顧客名	何を	利益がとれず、大手に振り回されるPB商品のうち、F系一部商品の撤退
	メリット	数量はあるが、利益率が悪いだけでなく販管費が相当高いので、それが浮くだけで人員を他の業務や新しい業務にシフトできる
	リスク	
	撤退縮小に伴う人員削減、配置転換、要員計画等	人員は新規売上、新分野展開へ配置転換し現状維持
	リスク回避と円滑撤退のための具体策	F系以外のドラッグストア、ディスカウントストアでの売上作りを早期に進める（F系の縮小は2021年から始め,2022年からドラッグストア、ディスカウントストアに納入できるよう営業）

Chapter I
Chapter II
Chapter III
Chapter IV
Chapter V
Chapter VI
Chapter VII
Chapter VIII
Chapter IX
Chapter X

将来の展望と収益計画

18. 今後の5か年売上計画とその理由

(単位：千円)

		昨年実績	2021年（補助事業期間）	2022年	2023年	2024年	2025年	2026年
既存売上	一般卸	470,000	440,000	413,000	396,000	380,700	366,930	354,537
	ドラッグストア等		5,000	30,000	50,000	70,000	100,000	120,000
新分野展開売上	サワー系新飲料		5,000	30,000	70,000	100,000	120,000	120,000
原料カス受託事業			2,400	4,800	12,000	20,000	30,000	30,000
売上合計		470,000	452,400	477,800	528,000	570,700	616,930	624,537

売上が増える根拠	
【既存売上】PB商品を縮小し、既存製造ラインでドラッグストア向けNB商品（大量容量の低価格商品）を製造販売する	
【新分野展開】 ● サワー系新飲料：焼酎の中ではサワー系の需要が伸びており、缶で手軽に買える。その上、大手が作る缶ではない、瓶ボトル焼酎にニーズがある。さらに焼酎の製造ができない時期、工場稼働率が悪い時期に製造することができる	
【その他】 ● 原料カス受託事業：同業者から原料カスを「廃棄費用の半額」で当社が引き取る（同業者の廃棄コストを減らす）ことで売上が増加する	

■新分野展開のみの収支計画

(単位：千円)

		昨年実績	2021年（補助事業期間）	2022年	2023年	2024年	2025年	2026年
新分野展開【炭酸サワー系新飲料】売上			5,000	30,000	70,000	100,000	120,000	130,000
売上合計		0	5,000	30,000	70,000	100,000	120,000	130,000
材料費（仕入）			1,300	7,800	18,200	26,000	31,200	33,800
労務費			5,000	10,000	10,000	10,000	12,000	12,000
外注費								
減価償却費			1,500	3,000	3,000	3,000	3,000	3,000
製造経費			1,500	9,000	21,000	30,000	36,000	39,000
原価合計		0	9,300	29,800	52,200	69,000	82,200	87,800
売上総利益			−4,300	200	17,800	31,000	37,800	42,200
粗利率（%）				0.6	25.4	31.0	31.5	32.5
販管費	人件費		500	3,000	7,000	10,000	12,000	13,000
	広告費		1,000	1,500	1,500	1,500	1,500	1,500
	その他経費		3,000	1,500	3,500	5,000	6,000	6,500
営業利益			−8,800	−5,800	5,800	14,500	18,300	21,200

19. 今後5か年の原価（粗利）付加価値の推移とその理由

（単位：千円）

	昨年実績	2021年（補助事業期間）	2022年	2023年	2024年	2025年	2026年
材料費（仕入）	75,000	71,513	73,704	81,391	86,750	89,753	87,775
労務費	60,000	55,000	60,000	60,000	60,000	62,000	62,000
外注費							
減価償却費	20,000	21,500	23,000	23,000	23,000	23,000	23,000
製造経費	210,000	198,096	193,532	197,936	200,100	199,947	194,410
原価合計	365,000	346,109	350,236	362,328	369,850	374,700	367,185
粗利率	22.3%	23.0%	23.7%	25.4%	26.5%	27.2%	27.6%
粗利推移の根拠	●瓶サワーの粗利益率30%で推移予定。既存商品については、原料の高騰により2～3%下がる予想だが、ドラッグストア向けの大容量商品により、既存商品も2%程度は粗利益率が改善する ●労務費については、既存部門から新展開分野へ一部人員が異動するため、現状維持となる						

20. 今後5か年の販管費及び営業利益の予定とその理由

（単位：千円）

	昨年実績	2021年（補助事業期間）	2022年	2023年	2024年	2025年	2026年
人件費	52,033	53,000	56,760	61,920	66,084	64,562	64,562
減価償却費	6,833	6,833	6,833	6,833	6,833	6,833	6,833
広告宣伝費	13,460	13,500	14,190	12,900	13,768	14,673	15,113
研修指導料	505	1,000	1,000	1,000	1,000	1,000	1,000
EC費用	2,400	4,500	4,730	5,160	5,507	5,869	6,045
地代家賃	1,236	1,236	1,236	1,236	1,236	1,236	1,236
運搬梱包費	13,000	13,500	14,190	15,480	16,521	17,608	18,136
その他経費	43,571	44,500	48,246	52,632	66,084	70,432	72,544
販管費合計	133,038	138,069	147,185	157,161	177,033	182,213	185,470
営業利益	− 28,038	− 31,778	− 19,621	8,511	23,818	60,017	71,881
販管費増減の根拠	●人件費は売上高に推移し12%程度予想 ●広告費は2022年度は初期投資等あり増加するが、それ以降は売上高の2.5%程度 ●運搬包装費は売上高3%程度の見込み ●EC管理費は専門家を入れて運用実施予定　年1,500千円						

Chapter I
Chapter II
Chapter III
Chapter IV
Chapter V
Chapter VI
Chapter VII
Chapter VIII
Chapter IX
Chapter X

21. 5か年収支計画

	直近の決算年度 [2019年9月]	補助事業終了年度 (基準年度) [2020年9月]	1年後 21年9月	2年後 22年9月	3年後 23年9月	4年後 24年9月	5年後 25年9月
① 売上高	470,000	450,000	473,000	516,000	550,700	586,930	604,537
② 営業利益	− 28,038	− 31,778	− 19,621	8,511	23,818	60,017	71,881
③ 経常利益	− 30,871	− 34,611	− 22,454	5,678	20,985	57,184	69,048
④ 人件費	112,033	113,000	116,760	121,920	126,084	126,562	126,562
⑤ 減価償却費	26,833	28,333	29,833	29,833	29,833	29,833	29,833
付加価値額 (② + ④ + ⑤)	110,828	109,555	126,972	160,264	179,735	216,412	228,276
付加価値額伸び率 （%）			15.4%	26.3%	12.2%	20.5%	5.5%
従業員数（任意）	36 人	36 人	37 人	39 人	42 人	42 人	42 人
従業員一人あたりの付加価値額（任意）							
従業員一人あたりの付加価値額伸び率（%）							

22. 5か年付加価値額 (営業利益 + 人件費 + 減価償却費) 計画

■補助事業全体に要する経費調達先一覧

(単位：千円)

区分	事業に要する経費		資金の調達先
自己資金		1,900	
補助金	(C)	22,600	
交付申請額			
借入金		10,000	○○銀行
その他			
合計額	(A)	34,500	

■補助金を受けるまでの資金

区分	事業に要する経費	
自己資金		
借入金		22,600
その他		
合計額	(C)	22,600

23. 事業を遂行するための組織・役割分担

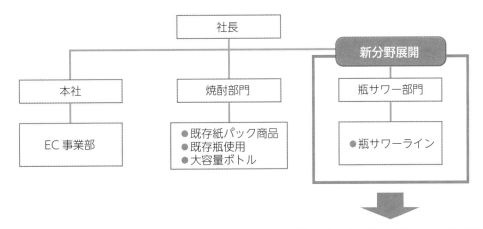

実施項目	責任者	今の仕事と新戦略業務遂行の課題	新戦略遂行のための解決具体策
新分野展開の事業計画全体	社長	新分野展開の事業推進における意思決定、進捗管理、全体の責任を持つ	
新分野事業の企画	○○営業部長	パッケージ作成は自社で行っていたが、若者向けなので外部委託が必要	○○営業部長を中心に、△△企画会社とパッケージまで作成する
製造ライン建設等の実施	協力会社		事前に見積を取り、認可後即設計に入るように依頼

■スケジュール

実施項目	担当者	4月	5月	6月	7月	8月	9月
新分野展開の事業計画全体	社長	→→→					
新分野事業の企画	○○	→→→→→					
製造ライン建設等の実施	協力会社		→→→→→→→				
△△△△	△△				→→→→→		

実施項目	担当者	10月	11月	12月	1月	2月	3月

24. 3か年行動計画

新戦略・実施項目	重要行動プロセス	部署・担当者	2021年度実施事項	2022年度実施事項	2023年度実施事項
炭酸サワー系焼酎の独自ブランドの開発販売	商品開発～マーケティングのコンサルタントへの依頼	社長	● コンサルタントの選択と依頼（5月まで）	● 1年間契約	
	試作とテイスト決定	社長、杜氏、開発	● コンセプト決定（7月まで） ● 試作試飲開始（8月～）	● テイスト決定（官能検査10月）	
	営業計画作成	社長・営業		● 販売計画（顧客別・チャネル別）の立案（9月まで）	
	瓶詰め設備の購入と製造	社長	● 大手問屋、商社へ見積依頼（4月） ● 瓶の形式決定（6月） ● 瓶詰め設備業者と条件交渉（8月まで）		
	瓶ラベルデザインと発注	開発		● 瓶ラベルデザイン決定（10月まで） ● ラベル発注（11月）	
	Webページ作成	社長・開発	● SNS広告計画、コンテンツ配信計画の作成（8月まで）	● Webページ作成（9月まで） ● YouTube動画制作開始（8月～）	
	地元ファンクラブ試飲会	社長・開発		● 秋の蔵開きで試飲会実施 ● ファンクラブを招待して試飲会実施（11月）	
	動画コンテンツ作成配信	社長・開発	● 動画コンテンツ担当の決定	● 毎週動画、インスタ、クラブハウス配信開始（10月～）	
	バイヤーへ提案（卸通じて）	営業		● 企画書とサンプルを持ってバイヤー営業開始（10月～）	● 夏冬商談会で新定番として提案
	店頭でスポット販売企画(酒販経由)	営業		● スポット特売の提案開始（10月～）	
	販促イベント（芸能人で広告）	社長・営業		● 販促イベント実施（蔵開き時に芸能人を起用）	● 販促イベント（蔵開き時に芸能人を起用）

Chapter X

事業再構築補助金・事業計画
指導のポイント

私たちは、これまで培ってきたクロス SWOT 分析のノウハウや、そこから組み立ててきた新規事業戦略と中期経営計画の策定をサポートしてきた経験から、さまざまな教訓を得ることができました。

　本章では、著者それぞれが得意としてきたコンサルテーションの内容やその経験を通して得てきたポイントやノウハウを披歴していこうと思います。

　企業経営者のみなさんにとっては、コンサルテーションや認定支援機関のサポートを受ける際の参考になればと思いますし、会計事務所などの認定支援機関のみなさんにとっては、どのようなサポートをすればよいかの勘所みたいなものがつかめるでしょう。

Chapter I

Chapter II

Chapter III

Chapter IV

Chapter V

Chapter VI

Chapter VII

Chapter VIII

Chapter IX

Chapter X

1. クロスSWOT分析のコツはどこまでも「具体性」「固有性」にこだわること

株式会社アールイー経営代表取締役　嶋田利広

　長年にわたりSWOT分析を活用して、経営戦略立案から経営計画書作成支援をしていますが、今回の事業再構築補助金・事業計画書の作成支援では、これまで培ってきた経験とノウハウがすべて必要なものになりました。

　単なる「思い込み」「思いつき」のアイデアや計画では、事業計画書の辻褄が合いません。これまで300事業所近くクロスSWOT分析を実践してきた経験から、現場で**「使えるクロスSWOT分析」のコツは、「具体性」「固有性」をいかに引き出すかに尽きる**と確信しています。

（1）業界の常識・一般論にとらわれない思考

　本書でも述べていますが、SWOT分析の本質をあまりよく知らない専門家（コンサルタントや会計事務所）が付け焼刃でSWOT分析を指導すると、どうしても「あるべき論」「業界の常識論」「一般論」に落ち着きがちです。そのほうが無難な具体策のように考えるからでしょう。

　しかし、それこそ「レッドオーシャン」の中での戦略になってしまいます。差別化やUSPを創り出すために行うSWOT分析なのに、あえてレッドオーシャンの分野を目指そうとする指導は疑問です。

（2）積極戦略における「具体性」「固有性」とは

　「具体性」とは、つまるところ5W2Hの表現にすることです。表現のコツは、その「積極戦略」の文言を見れば、具体的な行動プロセスのイメージが湧くところまで戦略や戦術を落とし込むことです。

　また「固有性」とは、同じ業界でも「こだわるポイント」が商品、顧客、売り方、アイデア、サポートなどで、同業他社と明らかに異なるものにすることです。こういう「こだわり」が差別化を生み、「自社らしさ」を実現していくのです。

（3）「具体的な根拠」がない事業計画書は何が不足しているか

　今回の事業再構築補助金・事業計画書では、あらゆるところに「その理由」や「明

確な根拠」が求められます。なぜなら、補助金給付が目的ではなく、「新規事業の持続性・ある程度の売上の確保と維持」による事業再構築が本来の主旨だからです。

したがって、根拠が曖昧な戦略や辻褄が合わない・整合性のとれない具体策では、この補助金の主旨に合いません。

そのため、クロスSWOT分析で徹底した「根拠」「辻褄合わせ」「整合性」について時間をとってロジカルな議論をすることが必須なのです。

(4)「クロスSWOT分析」〜「事業計画書」までの平均作成時間

事業再構築補助金・事業計画書の作成には、認定支援機関の会計事務所にサポート結果を渡す前に、平均12時間ぐらいかかっています。単に事業計画書のフレームに記載するだけなら、そんなにかからないかもしれません。

しかし、本書で示している「クロスSWOT分析」「指針との適合性チェック」「具体策連動中期収支計画」「ロードマップ」などの4つの検討作業を行ったうえで、その結果を事業計画書フォームに落とし込むと相応の時間がかかるのです。

「そこまでしなくても大丈夫」とある認定支援機関の会計事務所所長は言いますが、それは「補助金目的」で、その場さえ凌げればよいという短絡的思考です。これでは本当に「持続性」や「USP」「ある一定の売上の確保と維持」を目指そうとする支援とは言えません。

仮に補助金採択から外れても、経営者が自力でも事業再構築の経営戦略に取り組みたい内容であるべきです。私たちのチームではそういう態度でサポートしています。だから「クロスSWOT分析」を徹底して行おうとすれば、しっかりした議論をしますし、それなりに時間もかかるわけです。

(5)「クロスSWOT分析」を深掘りしない専門家はNG

今回の事業再構築補助金・事業計画書では、「SWOT分析」という言葉こそ指針には入っていませんが、その主旨は明確に含まれています。

しかし、表面的な「強み」「弱み」「機会」「脅威」だけを書いて、「根拠となるクロスSWOT分析」を疎かにした事業計画書を審査するとどうなるか？　表層的なものになると、「その根拠は？」と問われたときに答えられないでしょう。

「クロスSWOT分析」を深掘りして、具体性・固有性をとことん経営者や幹部から聞き出し、それを文言化しない専門家はNGだと思います。

本書でも指摘していますが、大事なことは「クロスSWOT分析」につなげる「コーチング質問力」「ファシリテーション技術」による「聞き出し力」「文書への落とし

Chapter
I

Chapter
II

Chapter
III

Chapter
IV

Chapter
V

Chapter
VI

Chapter
VII

Chapter
VIII

Chapter
IX

Chapter
X

込み力」がとても重要なスキルになります。このスキルを持った専門家の「クロスSWOT 分析」なら、基本的に任せて安心でしょう。

　本書の執筆メンバーはじめ、当社の「SWOT 分析スキル検定」受講者は、そのスキルを学んでいるからこそ、「深掘りヒアリング」ができるのです。

2. 新規事業戦略は「クロス SWOT 分析」で構築し、「アンゾフの 4 象限」で検討する

木村治司税理士事務所所長　木村治司

税務会計を中心として、29 年間地域の中小企業の税務業務を請け負っています。税務はもちろん会計面・財務面については、手持ち資金を健全に最大化させることを支援の最重要課題とし、管理会計・部門別採算管理制度の定着などを指導してきました。

経営支援については、関与先だけでなく地元の商工会・商工会議所や財団、中小企業団体中央会、地域金融機関からの依頼で経営革新計画、経営改善計画、資金繰り実績及び計画などの作成支援を行っています。

(1) 経営計画の策定と業績管理体制の構築が必要

どの事業（商品・サービス等）でどのくらい儲かっているのか、何が原因で資金繰りを圧迫しているのか、まだまだ勘に頼って経営している中小企業が多いようです。

そこで、「中小企業の会計に関する基本要領」の活用を促進させ、正確な会計データに基づいた経営（改善）計画を策定し、部門別採算管理体制の構築が必要となります。また、月次決算体制と部門別採算管理体制の構築をすすめています。

当事務所では、月次の会計処理終了時にマネジメントレターを作成し、予実及び前年実績対比を経営者に示すなど、会社の現状を認識する仕組みを構築していますが、さらに四半期ごとの業績検討会で着地予測を行い、経営者に打ち手を考えていただく機会を作っています。

(2) 支援機関と専門家・実務家との連携が重要

さまざまな経営課題を解決するためには、専門家・実務家と常に情報共有や連携を取りながら、最良と考えられる支援を行うことが大切です。

中小企業新事業活動促進法に基づく経営革新計画の承認申請（静岡県経営革新計画承認支援実績：26 件）、中小企業経営力強化支援法に基づく認定経営革新等支援機関として経営改善計画策定支援事業（経営改善計画策定支援事業等：37 件）に取り組む中で、地域の金融機関・保証協会や商工会・商工会議所などの方々と連携して仕事をする機会が多々あります。

各位とも地域の中小企業を支援したいという強い思いを抱いていることを実感する

Chapter I
Chapter II
Chapter III
Chapter IV
Chapter V
Chapter VI
Chapter VII
Chapter VIII
Chapter IX
Chapter X

のと同時に、各位がバラバラにその時その時に応じて個別に対応していることが少なくありません。これらの問題はどこも共通するものなので、連携しながら支援できたら本当にすばらしい結果を出すことができると考えています。

(3) 事業再構築促進事業に対する方針

コロナ禍において売上が下がっている企業が多いと思います。売上が下がれば営業キャッシュフローは生まれず、既存の借入金の返済すらも財源ができません。

なおかつ、コロナ関連融資を借りた企業は、据置期間が終わる2年先、3年先に返済が一気に増えてしまい、ただでさえキャッシュフローがない状態の中でたちまち厳しい経営状況になることは目に見えています。

営業キャッシュフローを生み出すには、既存の売上や既存のサービスだけではなく、**「新たな柱」が必要**となってきます。その新たな柱とは「事業再構築」です。

事業再構築の補助金ありきで動き出すのは非常に危険な発想です。本来、経営者の想いを反映すべき計画が絵に描いた餅になってしまい、無駄な投資になってしまう可能性があるからです。

「社長がどういうことをやりたいか」「会社の強みは何なのか」「その強みを活かしてどういうことができるのか」をしっかりと考え、新たな柱を見つけた結果、補助金が使えるのではあれば活用します。

(4) クロスSWOT分析で事業計画書作成を徹底支援

ローカルベンチマーク（経産省のツール）をまとめることで現状を整理し、問題点と課題、そして対応策を出していきます。

その際、クロスSWOT分析を活用して、自社の「強み」が外部環境の「機会」につながるものがないか、経営者や経営幹部に考えてもらいます。今回の事業再構築補助金公募要領でも、（明記されていませんが）SWOT分析の重要性がうかがえます。

クロスSWOT分析では、私自身ロールプレイングを何度も経験し、そのノウハウを活かして、経営者の「潜在している思いや事業戦略」を聞き出すことに注力しています。当事務所の職員にも、SWOT分析に必要なコーチング技術の教育も実施しています。

また、「アンゾフの4象限」（市場浸透・新製品開発・市場開拓・多角化）を整理することで、既存の商品・サービスを違うところに売れないか、今あるノウハウを活用して新たな商品・サービスを提供できないか等を考えるきっかけとなります。

今回の事業再構築補助金・事業計画書では、本書の内容をベースに「具体的で合理

的な説得力のある事業計画書」を支援していきます。

（5）新事業が明確にイメージできるかどうか

　事業計画を作成するにあたり、数字だけではなく、新たな事業の柱がビジネスモデルとして成り立つかどうかがすごく大事になってきます。

　これはすぐに構築できるものではないので、早め早めの準備と、何をしたいのかということをまとめ上げていく必要があります。最初のモヤっとしたものを深掘りして明確にすることは簡単にはできないかもしれませんが、それができなければ、おそらく事業としてはうまくいかないでしょう。

　そうならないためには、しっかりとロジカルに考えなければなりません。そして、最終的に数字に落とし込んでいったときに、具体的にどういういうところに対して、どのくらいのものを、どうやって売っていくかまで、明確になっていなければなりません。

　社長が本当にやりたいことは何なのか、それがビジネスモデルとして説得力あるストーリーと数字に落とし込めているのかが重要です。

3. 事業再構築（リストラクチャリング）とビジネスプロセス再構築（リエンジニアリング）が求められている

有限会社マネジメントスタッフ取締役社長　尾崎竜彦

（1）経営は継栄であり、企業は環境適応業である

　1999年の創業以来、中小企業の「継栄（継続して成長・発展・繁栄するの意）」（2012年商標登録済）にこだわってきました。経営コンサルティング会社と社会保険労務士事務所というグループ経営により、大企業にあって中小企業にはない、しかし企業運営で欠くことのできない「経営企画室」や「人事部」として取り組んできました。

　その際のコンセプトは「コンサルトソーシング」（2007年商標登録済）です。「コンサルティング」と「アウトソーシング」の融合により、中小企業の間接部門として、「社長の意思決定サポート」「間接部門の生産性向上」といった機能を担っています。

　支援エリアは、東京・埼玉・神奈川・千葉、栃木などの関東圏、新潟をはじめとした中部圏となります。

　顧問先の特徴は、業種問わず「老舗企業」「地域一番店」が多いことです。また、支援期間が長く10年以上の顧問先が大半です。支援社数の多さを誇張しているコンサルティング・ファームがありますが、集合研修やプロジェクト型で支援する場合は可能でしょうが、顧問先を我がことと考え、喜怒哀楽を共にする伴走型支援を特徴としている弊社グループは支援社数を限定しています。

　私の誇りは、顧問先企業がどのような時代でも力強く経営されていること、長期間にわたりその支援をさせていただいていることです。その証左として、これまで支援させていただいている顧問先の中には一社も倒産・廃業はありません。もちろん、顧問先企業がしっかりした経営をなされていることが第一の要因であることは言うまでもありません。

　以上の特徴から、顧問先の中には、現在2回目の事業承継準備をしている企業も複数あります。私は「経営は継栄であり、企業は環境適応業である」と常日頃からお伝えしています。

（2）「継栄（経営）方針書」の作成にはクロスSWOT分析が必須

　私どもコンサルタント会社を取り巻く環境は変化し続けています。近年の特徴は、事業再構築（リストラクチャリング）、ビジネスプロセス再構築（リエンジニアリング）

といっても過言ではありません。同時に、それらを具現化できる社員の募集・採用・育成・配置・評価・処遇にも関わらせていただいています。

「継栄」のためには、「使命感（理念・ミッション）経営」「全員参画型経営」「計画経営」「バランス経営」が基本となります。

そして、実践においては、「継栄方針書」「役割等級型人事制度」を両輪として継続運用することで、経営面だけでなく、人事上の成果としても「将来を担うリーダーが育つ」「全社員が経営理念・使命感に沿って成長する」「欲しい人材が採用できる」等が得られます。

その結果、経営ビジョンが実現できると考えています。なぜなら、これらの考え方には、「経営理念・使命感やビジョンが方針管理・目標管理と共に一気通貫となっており、社員に浸透する」「人材が育つ仕組みが回るようになる」という特長があるからです。

顧問先企業の多くで作成していただいている「継栄方針書」を毎年策定する中で、重要となるのが「クロスSWOT分析」です。

ここでは、「機能別SWOT分析」を行っています。つまり「**経営**」「**営業**」「**生産・施工**」「**人事・総務・経理**」、最近では「**デジタル・IT**」といった**機能別にクロスSWOT分析**を行います。

経営者や経営幹部だけでなく、社員も自部門を通じて「機会」や「脅威」、「強み」や「弱み」といった観点で検討することにより、経営環境や環境適応といったテーマに関心を持っていただき、徐々に理解納得してもらいながら進めています。

経営にはこれしかないといった正解、理論や方法はありません。百社百様であり、これが経営の楽しさであり、醍醐味であるとも言えます。

また、人材を「人財」にすることは、一朝一夕にはできません。考え方を変え、当たり前のことが当たり前にできるように能力開発するには、日頃の積み重ねが重要です。この辛抱や我慢ができる経営者が優れた経営者であることは、傍でサポートさせていただきながら実感しています。

「早く行きたければ一人で行け、遠くまで行きたければみんなで行け」というアフリカのことわざがあるそうです。まさにこのことわざを体現していると言えます。

（3）事業再構築は補助金ありきでなく、戦略と計画ありきで臨む

事業再構築補助金の「指針」には、「事業再構築の定義」などが書かれています。そこでは、「事業再構築」とは、①新分野展開、②事業転換、③業種転換、④業態転換、⑤事業再編の5つを指し、この補助金を申請するためには、これら5つのうち、いずれかの類型に該当する事業計画を認定支援機関と策定することが必要であるとしてい

Chapter I
Chapter II
Chapter III
Chapter IV
Chapter V
Chapter VI
Chapter VII
Chapter VIII
Chapter IX
Chapter X

ます。

　私は 2021 年 3 月末現在、顧問先や会計事務所からの紹介により 5 件程度のご相談を受けています。その際、お伝えしていることは、補助金受給を目的にするのではなく、

　「VUCA 時代（先行き不透明で不確実な時代）に生き残り、勝ち（価値）残るための指針やビジョンを立案し、戦略形成するための取り組み（SWOT 分析ほか）を行うこと、そして、継続運用できる計画を立てられること、そのうえで補助金が受給できることを目標としましょう」

　とお伝えしています。

　長年にわたり、㈱アールイー経営の嶋田利広先生と共にクロス SWOT 分析を探求（共著として 3 冊を執筆）し、多くの実践を積み上げてきました。この**クロス SWOT 分析ノウハウを使いこなすことで、事業再構築の経営計画書は驚くほどわかりやすくなる**ことを体感しています。

　「企業が、継栄するためには何が必要か」── それは環境に適応することであり、社会から必要とされ、周囲と共存することで存続できると考えています。

　企業の経営理念・使命感や経営ビジョンの実現に向け、社員を育成し、成長させ、しなやかで強靭な組織をつくるためにも、「変化が常道であること」を肝に銘じていただきたいと思います。

　「現状維持は衰退」にほかなりません。常に新たな道を模索してチャレンジしていくのが企業経営であり、それが「継栄」の真髄なのです。「クロス SWOT 分析で創り出す事業再構築・事業計画書」策定支援がその変革のキッカケとなるようにしたいと考えています。

4. クロス SWOT 分析によってロジカルに組み立てる

ビジネス・プロセス・デザインオフィス代表　中尾康範

(1) 事業構築～システム開発までを一気通貫でサポート

事業の中身が煩雑で利益が出ない仕組みになっている会社をたくさん見てきました。私はシステム開発やコールセンターを含む業務改善に携わることが多く、

- 事業の中身や事業に紐づく社内業務が深く考えられず、システムが建てつけられてしまう
- 横の連携がうまくいかず効果が出ない
- 事業に合わせたシステム開発がなされず、事業として効果が出ず開発費が無駄になっている

そんな状況に陥っている会社の業務改善サポートを数多く手がけてきました。

私自身「ソリューションを提供し、事業や仕事の流れを改善する」というマインドが昔からあり、当該企業の業務を改善させ、事業を成長させ、効率よく利益を出せるようにするために、新事業創出や業務改善等を得意とした「TOC ジョナ（制約条件の理論）」「I－TRIZ プラクティショナー（発明的問題解決法）」の資格を取得しました。また、新事業創出や業務改善を実効あるものとしてサポートしたいと思い、㈱アールイー経営の嶋田利広先生の門を叩き学ばせていただきました。

そして、「クロス SWOT 分析コンサルタント」として、新事業創出や業務改善のコンサルテーション事業に乗り出すことを決意し、システム企画系の社内コンサルタント的立ち位置になった前職のソフトバンク㈱を退社（14 年間勤務）、独立して「ビジネス・プロセス・デザインオフィス」を立ち上げました。

東京を中心として、事業アイデアの企画・立案、業務改善、業務フローやマニュアル・手順書作成、システム開発における要件定義サポート、プロジェクトのスケジュール管理・調整、会議でのファシリテーションを含めたマネジメント業務、コンサルティングサポートを行っています。

その一つに、健康関係の事業を行っている会社のプロジェクトに参画し、**新事業企画からシステム開発までの取り組みを一気通貫でプロジェクトマネジメントとして管理・支援**している業務があります。

（2） SWOT分析は曖昧さや問題をロジカルに明確化するツール

　私の事業の主軸である「事業内容や業務内容の可視化・煩雑化した業務の整理・仕組み化」と、「事業に連結した効果が出るシステム開発」の支援に「クロスSWOT分析」は欠かせません。なぜなら、事業利益に直結するコンテンツサービスや商品開発をする際、クロスSWOT分析を行わず、やりたいと思ったことや、売れると思っているコンテンツサービスや商品が先にあると、いずれ辻褄が合わなくなります。

　そこに顧客ニーズを無理矢理合わせるため、現実には存在しない顧客ターゲットが出来上がり、現実には誰も欲しがらないコンテンツや商品を作ってしまうことが多いのです。しかし、最初にSWOT分析を行うことで、自社の「強み」や「弱み」、「機会」や「脅威」を抽出して、さらにクロス分析することで、さまざまな戦略アプローチができるようになります。

　その結果をベースとして、サービスや商品を考えることができるので、事業戦略の方向性とコンテンツや商品がスムーズにリンクしていくのです。

　また、業務の流れを企画する時も同じことが起こります。

　社内の業務構築を考えるとき、

- ●声が大きい人の案が通りやすい
- ●前後の業務を調べず、わからない状態で決めてしまう
- ●個人がやるべき仕事の境界線を勝手に決めてしまう

ということが多々あります。

　その結果、蓋を開けたら業務内容が縦割りになりスムーズに流れず、業務をする側目線の流れになり、一番大切な顧客の要望に添わない状態が出来上がったりするのです。このようなケースでは、SWOT分析を先に行うことで、業務内容に対するそれぞれの「強み」や「弱み」を出し、さらに「機会」や「脅威」をあぶり出して、

- ●その業務をなぜ自分たちがやらなくてはならないのか
- ●注意しないといけない点は何か
- ●陥りやすいリスクはどんなことがあるか

を先に可視化し、洗い出すことができます。

　その結果をベースとして、関係者間で業務の流れやそれぞれ自分が行う業務内容を話し合えるので、スムーズな業務の流れを構築しやすくなるのです。そして、コンテンツサービスや商品流通、業務プロセスをシステム化する際もSWOT分析を先に行

うことで、

●なぜ今、システム化が必要なのか
●プロセスのどこをシステム化するのがよいのか

を関係者で検討することができます。

プロセスの可視化も必要ですが、SWOT分析を使うことで、事業戦略からコンテンツサービスや商品、業務の流れまでスムーズに一気通貫したシステムにできます。その結果、効率的で利益が出る効果的なシステムを創り出せると考えています。

(3) 事業再構築はクロスSWOT分析のスキルが問われる

今回の事業再構築補助金についても同じです。

クロスSWOT分析を最初に行うことで、その後の取り組み方が変わってきます。ただし、巷で行われているSWOT分析を何度やっても効果がなく、途中で諦め、「SWOT分析は効果が出ない」と間違った判断をして、いつもと変わらないアプローチを行うというケースがあります。

嶋田先生のSWOT分析は、このような短絡的なSWOT分析とは違います。何が違うのか？　それは「徹底的に深掘り」していることです。

「強み」や「弱み」、「機会」や「脅威」、それぞれを特定の固有名詞やアクションにつながるまで徹底的に深掘りします。そうすることで、現実的な事業戦略が組み立てられるのです。そのためには、コンサルタントのコーチングスキルやファシリテーションのスキルも必要になってきます。

㈱アールイー経営のSWOT分析セミナーでは、顧客への質問の仕方や質問の流れ等を何度も塾生同士で実践テストを繰り返しました。また、私は個人的に何回もSWOT分析ロープレレッスンを受けて、自分のものにしてきました。今回の出版でも共著者として、システマティックな発想やロジカルな追求について、嶋田先生らと情報共有と共同討議を行い、第9章にあるように独自のフォームを開発してきました。

ビジネス・プロセス・デザインオフィスでは、そうして磨いてきたクロスSWOT分析のスキルと、他のスキルやツール、そしてこれまでの経験とを掛け合わせることで、クライアントが抱えている問題の「解」に取り組んでいます。私は特に「IT－SWOT分析」という新ジャンルを開発し、ITを上手に活用しながら、お客様と正面から具体的な固有名詞で向き合うことをモットーにしています。抽象的になりがちなお客様の思いや意見、アイデアを具体化して、ロジカルにつなげるよう一緒に考え作業することが、ビジネス・プロセス・デザイン（BPD）の考えです。

Chapter
I

Chapter
II

Chapter
III

Chapter
IV

Chapter
V

Chapter
VI

Chapter
VII

Chapter
VIII

Chapter
IX

Chapter
X

5. 認定支援機関として事業再構築補助金のサポートを開始

有限会社経創代表取締役　日高大作

（1）実現性の高い根拠ある経営計画書の支援

社名である「経創」の由来は、「経営とは未来創造」です。

2000 年の設立当初から変わらない思いは、「人が育つ仕組み創り」「永続的に発展するための戦略創り」です。そのために必要となることはなんでもお手伝いすること、が当社設立の原点です。

鹿児島を中心に、熊本、宮崎の中小企業や医療介護施設の経営計画書づくりから新規事業開発、事業承継、M&A、人事評価制度、業務改善、マネジメント教育まで、延べ 200 社以上のコンサルティングに応えてきました。

2018 年からは「税理士法人れいめい」のコンサルティング部門を担い、特に認定支援機関として、350 社超の顧問先企業への経営相談から経営改善計画書づくり、各種補助金や今回の事業再構築補助金など、行政や金融機関から求められる「実現性の高い根拠ある経営計画書」、「思い切った事業再構築」の支援を行っています。

（2）コーチング&ファシリテーション技術で具体策を引き出す

当社がなぜ、税理士法人のコンサルティング部門を担っているのか？　なぜ税理士事務所が経営コンサルタントを必要とするのか？　と疑問に思うかもしれません。

その理由は、一般的な税理士事務所が作る経営計画書は数値羅列型の経営計画書だからです。これは、税理士事務所の職員が経営計画書を作成する時に陥りやすい落とし穴なのです。

経営計画書に必要となる数字を先に決めて、それに見合うような行動計画を作ろうとするからです。極端な例で言えば、営業が 1 人しかいないのに、3 人、5 人の営業マンがいないと達成できないような数字目標を立てて、それに合うように行動計画を作ってしまうため、当然、1 人の営業マンしかいないので実現可能性の低い経営計画書となります。

もし、そんな経営計画書で補助金をもらっていたとしたらどうなるでしょうか。どうにかして実行しなければ補助金の返金をしないといけなくなることから、必死に頑張って大変な苦労をしている経営者を実際に見てきました。行動計画から数字を積み

上げないとこんな苦労をします。

　だから、実現可能性の高い計画を作ろうとするならば、「合理的な理屈づけ」「戦略的要素」の裏づけを常に一緒に考えられる我々のようなコンサルタントが必要となるのです。

　今回の「事業再構築補助金の概要」には、「合理的な説明ができる事業計画書の策定」という文言があります。ほかにも事業計画に含めるポイントの例として、「SWOT 分析」とは書いていませんが、自社の「強み」「弱み」、事業環境の「機会」「脅威」、及び事業再構築の必要性を挙げています。

　SWOT 分析を活用して、経営者や役員とともに今後の新分野展開や業態・業種転換など事業多角化の可能性を検討し、いかに実現可能な戦略や具体策として導き出せるか。この事業計画書づくりには、コーチング＆ファシリテーション技術が求められているのです。

　「経創」では、これまで培ってきた**コーチング＆ファシリテーション技術を使い、経営者、役員にヒアリングをしながら、独自のクロス SWOT 分析フォームに入力し、事業計画書完成までの過程を見せるスタイルによりサポート**してきました。この方法により、経営者や役員が自社の強みや機会、クロス分析であぶり出された戦略のイメージが具体的に湧き、「クロス SWOT 分析」～「行動計画」の作成まで短期間で、具体的な事業計画書として落とし込むことができます。

　したがって、一般的な税理士事務所が見よう見まねで SWOT 分析を使い、事業計画書作成の指導をしても、コーチング＆ファシリテーション技術の経験が少ないため、実現可能な具体策を引き出せず、従来型の数字羅列型の事業計画書と変わらず、仮に補助金が交付されたとしても、本来の目的である事業再構築としては通用しない「苦労する計画書」となるでしょう。

(3) ゴールまで応援し、サポートし続けるスタンス

　事業再構築補助金は、税理士事務所など認定支援機関と一緒に策定することが申請要件となっています。フォローアップ期間は 3 年から 5 年と長く、年次報告も必要ですので、事業再構築に向けた事業計画書作成のサポート役をどこにするかが重要になります。

　「経創」は、SWOT 分析のパイオニアとしてメディアにも取り上げられている嶋田利広先生の指導をいただきながら、18 年にわたりさまざまな現場を共にコンサルティングしてきました。その指導実績から、事業再構築補助金の 1 次公募は、申請期間が 3 週間と短い期間しかありませんでしたが、事業計画書の作成から電子申告のサポートまでのフル支援を 2 社行いました。そして、2021 年 5 月に始まった 2 次公募では、

Chapter
I

Chapter
II

Chapter
III

Chapter
IV

Chapter
V

Chapter
VI

Chapter
VII

Chapter
VIII

Chapter
IX

Chapter
X

金融機関からの紹介等も含め、４月末時点で７社の事業計画書作成オファーをいただいております。

　コンサルタントは「こうしたほうがいい」「こうしなさい」というアドバス型である場合が少なくありませんが、それではモチベーションは上がりません。

　私が顧問先へのサポートをする際に大切にしていることは、コンサルタントはあくまでも考える材料だけを与え、決定は本人に委ねるということです。本人のやりたいという思いや構想を形として導いていくから成果が出るのです。その過程では１人ひとりと向き合うコーチングの手法を重視しています。時には時間がかかることもありますが、絶対に応援し続ける、ゴールまでしっかりサポートをし続ける、というスタンスです。

　向き合うというのは、代わりに何かをやってあげるのではなく、結果が出ず相手があきらめそうになったときに、サポート役がどれだけあきらめないで応援できるかということです。これが最も重要だと思っています。そして、顧問先企業の可能性をどこまでも信じることです。

　「経創」は、本質的な部分を共有しながら、経営者はじめ社員が「やりがい」「会社を好きになること」「未来への希望」を大切にして、納得のできる行動計画から数字に落とし込む事業再構築の支援を行っています。

あとがき

　本書を執筆、校正している2021年4月中旬～5月上旬、第4波の入り口と言われるように新型コロナの感染が全国で拡大しています。東京オリンピックも間近に控え、先行きは本当に不透明です。

　事業再構築補助金についてもまだ募集が始まったばかりで（第1次募集は締め切られましたが、2021年5月～2022年にかけて4回程度公募される予定）、今後事業計画の立て方や新規事業の切り口についていろいろな情報が出てくると思いますが、「補助金頼み」の新規事業ではなく、将来を見越した事業再構築で「持続性」を考えた事業計画が大事だと痛感しています。

　本書を執筆中にも、複数の「事業再構築補助金・事業計画書」の作成支援やアドバイスをさせていただいていますが、"安易な商品開発"で補助金を申請しようという経営者も散見されます。そのような場合は、「真剣に、真面目に取り組めば、補助金の有無にかかわらず、いい事業計画ができます」とお伝えしています。

　指針や手引書、公募要領を見ると、「ハードルの高い補助金」ではありますが、それでもクロスSWOT分析などを活用して真剣に検討し、「合理的な説明ができる事業計画」を作成していけば、可能性は格段に広がっていくものです。ぜひ、そうした計画づくりをしていただきたいと思います。

　㈱アールイー経営や㈱マネジメント社のメルマガを登録すると、本書に掲載されている「事業計画書フォームのテンプレート」を無料で入手することができます。

　詳しくは https://www.mgt-pb.co.jp/keikaku/ にアクセスしてください。

【著者紹介】

嶋田 利広 (しまだ・としひろ)

株式会社 アールイー経営代表取締役　経営コンサルタント歴 35 年

これまで 370 社の中小企業、会計事務所、病院福祉施設をコンサルティング。13 社の
経営顧問を 10 年以上継続。
SWOT 分析・経営承継可視化の指導事業所数は 280 超で、「中小企業 SWOT 分析の第
一人者」「経営承継可視化の伝道師」と呼ばれる。これまで SWOT 分析・経営承継関連
著書 7 冊を含め 12 冊を上梓（累計 6 万部以上）。講演時間は延 3,000 時間を超える。毎年
100 名以上のコンサルタントや会計事務所が受講する「SWOT 分析スキル検定」「経営承継戦略
アドバイザー検定」を主宰。
2018 年、2019 年には北海道財務局、九州財務局にて「SWOT 分析を活用した経営計画書ノウハウ」
の講演を実施。

> 事務所　〒 860-0833 熊本市中央区平成 3 丁目 9 番 20 号 2F
> e-mail：consult@re-keiei.com
> ホームページ：https://re-keiei.com/
> 無料電子書籍ダウンロードサービス：https://re-keiei.com/service/free-report.html
> YouTube：https://www.youtube.com/channel/UCTy_ms3Ctv4QCbm8kPTZoXw

木村 治司 (きむら・はるじ)

木村治司税理士事務所　所長・税理士

平成 4 年 10 月木村治司税理士事務所開業。税務会計だけでなく、正確な会計データと
SWOT 分析に基づいた経営（改善）計画を策定支援、部門別採算管理体制構築支援を実施。
独立行政法人中小企業基盤整備機構関東本部経営実務支援アドバイザーとして関与先
以外に対する支援も行う。再生支援協議会、事業承継・引き継ぎ支援センターの専門家
として財務 DD なども行う。
(一社)金融財政事情研究会認定 M&A シニアエキスパート、(公財)日本生産性本部　認定経営
コンサルタント。
著書に、経営者塾シリーズ『経営者のための会計力　〜自社の数字を読み、会社を強くしよう！〜』
(共著、TKC 出版) がある。

> 事務所　〒 410-0004 静岡県沼津市本田町 9-16
> ホームページ：https://kimura-ao.tkcnf.com/
> Facebook：https://www.facebook.com/kimura.ao

尾崎 竜彦 (おざき・たつひこ)

㈲マネジメントスタッフ代表取締役　経営コンサルタント歴 29 年　経営士　宅地建物取引士

『継栄』（商標登録済）にこだわり、中小企業への経営支援を中心に、中小企業論を大学・
専門学校にて講師歴任。
『コンサルトソーシング』（商標登録済）を柱に、中小企業の経営企画室・人事部・総
務部などの機能となるべく、尾崎社会保険労務士事務所とグループ化しシナジー効果を
あげている。
顧問先企業の多くが支援期間 10 年以上であり、階層別コーチング型支援によって、「社員が成
長することにより会社が成長する」を実現している。また、SWOT 分析による継栄計画づくりは
支援の柱となっている。
著書に『経営承継を成功させる実践 SWOT 分析』『SWOT 分析による経営改善計画書作成マニュ
アル』（共著、マネジメント社）がある。

> 事務所　〒 187-0041　東京都小平市美園町 2-4-4
> MSG 人財育成センター　〒 187-0004 東京都小平市天神町 4-22-34 MSG ビル 2F
> ホームページ：http://www.management-staff.co.jp（現在改訂中）
> E–mail：info@management-staff.co.jp

中尾康範（なかお・やすのり）

ビジネス・プロセス・デザインオフィス代表

フリーのシステムエンジニアとして数社の業務委託を経たのちに、ソフトバンク株式会社の社員として SE（システムエンジニア）、営業、コール・業務センター管理を経験し、システム開発やプロジェクト開発の生産性向上を目的とした施策を担当。
同社退職後、ビジネス・プロセス・デザインオフィスを開業。「I-TRIZ プラクティショナー（国際認定）」「TOC ジョナ（国際認定）」「SWOT 分析コンサルタント（Re-経営認定）」の資格を持つ。ブラッシュアップし専門化させた「IT-SWOT 分析」「地域ポテンシャル SWOT 分析」「パーソナル SWOT 分析」を使い、ビジネスプロセスの見える化、動ける化、仕組み改善を得意とする。

事務所：〒 170-0014 東京都豊島区池袋 1-2-5-501
ホームページ：https://bp-d.com
メールアドレス：y.nakao@bp-d.com
Facebook：https://www.facebook.com/yasunori.nakao.3
Twitter：https://twitter.com/triz_i

日高大作（ひだか・だいさく）

㈲経創代表取締役　経営コンサルタント歴 21 年

2000 年の設立当時から事業継続には、「目標」「評価」「報酬」の 3 つのバランスが重要になるとの考えから、SWOT 分析による経営戦略づくりから業務改善や人事評価制度の構築まで、事業の継続を目的とした組織づくりの支援を行っている。
中小企業のほか医療法人や介護施設に多数の実績がある。また、国の認定を受けた認定支援機関である同グループの税理士法人では、経営改善計画やものづくり補助金、事業再構築補助金など、350 社を超える顧問先への助言や支援を行なっている。

事務所　〒 890-0054 鹿児島県鹿児島市荒田 1 丁目 18-5
ホームページ：https://www.kei-so.co.jp

事業再構築 クロス SWOT 分析で創り出す戦略立案&事業計画作成マニュアル

2021 年 6 月 15 日 初 版 第 1 刷発行

著　者　　嶋田利広／木村治司／尾崎竜彦／中尾康範／日高大作
発行者　　安田喜根
発行所　　株式会社 マネジメント社
　　　　　東京都千代田区神田小川町 2-3-13M&C ビル 3 階（〒 101-0052）
電　話　　03-5280-2530（代）　FAX　03-5280-2533
　　　　　ホームページ　https://www.mgt-pb.co.jp
　　　　　問い合わせ先　corp@mgt-pb.co.jp
印　刷　　㈱シナノ パブリッシング プレス